焦裕禄家风

赵瑜 著

河南文艺出版社
·郑州·

图书在版编目(CIP)数据

焦裕禄家风/赵瑜著. —郑州:河南文艺出版社,2018.2(2019.3重印)
ISBN 978-7-5559-0639-1

Ⅰ.①焦…　Ⅱ.①赵…　Ⅲ.①纪实文学-中国-当代　Ⅳ.①I25

中国版本图书馆 CIP 数据核字(2017)第 310785 号

出版发行	河南文艺出版社
本社地址	郑州市鑫苑路 18 号 11 栋
邮政编码	450011
承印单位	三河市明华印务有限公司
经销单位	新华书店
开　　本	890 毫米×1240 毫米　1/32
印　　张	7.5
字　　数	140 000
版　　次	2018 年 2 月第 1 版
印　　次	2019 年 3 月第 4 次印刷
定　　价	30.00 元

版权所有　盗版必究
图书如有印装错误,请寄回印厂调换。
印厂地址　三河市杨庄镇北寨村
邮政编码　065200　　电话　0316-3661243

序言
希望父亲的人格魅力能感动一代又一代人

焦守云

今天上午在焦裕禄干部学院,我刚刚给县委书记培训班讲过课。其实也不能算是讲课,就是和他们聊天,说一些我父亲日常的事,或是我的个人记忆,或是母亲讲给我听的父亲的一些生活中琐碎的事情。这些事情既是他作为丈夫和父亲的日常规范,也是作为县委书记焦裕禄的个人生活的原则。说起来,也都是生活中的小事,却能体现一个有原则有底线的父亲的人格魅力。

现在的中国发展速度快,人们的物质生活水平提高得也快。这些都是好事。可是精神上却并不同步。这也是我来积极宣传我父亲的原因。我讲讲父亲的事,或多或少,从道德上,从精神文明的建设上，对人们尤其是对于官员们，总是一个提醒。听完我讲的内容，他们捂着自己的心口想一想，是不是自己对工作的投入可以更多一些，为老百姓的幸福生活能更好地提供服务。

去年冬季的一天，我上午在一个报告会上做了关于父亲的演讲，一场报告做下来我高烧39度多，直接被推进了ICU病房。这一次非常严重，住了一个多月的院，还错过了去年第九期县委书记培训班的一次授课机会。

我曾经下过决心，想让全国的每一位县委书记都听一听我父亲的故事。让他们听一听，在那样一个物质生活非常艰苦的条件下，一个县委书记究竟能做些什么。现在的条件好了，也不必刻意地去吃苦，但是在做人方面要有原则，要有为官一任为当地百姓做些具体事情的想法。这总是好的。我专门多讲父亲的家庭生活，而这些家庭生活都体现了人之常情，能让人们知道，在高大完美的形象之下，焦裕禄还是一个幽默风趣、爱好广泛、富有担当的父亲。

可能这也算是一种责任心吧。我退休以后，时间更加充裕了。焦家这些孩子里面，我大姐和大哥的身体都不是太好，我就成了我们家里的新闻发言人。我承认自己是一个幸运的人。我幸运是焦裕禄的女儿，是徐俊雅的女儿，他们教育我首先做一个诚实正直的人。现在，不仅仅是我宣传我的老父亲，我的儿子，也用他自己的理解方式开始宣传他的外公了。他是用音乐剧的方式，他们是一个团队，很用心地将那样一个年代的动人细节，用音乐的方式表达出来。时代在进步,有时候,我都感觉自己跟不上这个时代了,还好,我儿子的音乐剧,用一种年轻人喜欢的方式来介绍焦裕禄。那些去看音乐剧的孩子,也被深深地感动了。这说明,焦裕禄并不仅仅是电影屏幕上一个高大上的形象,他是一个感情丰富且值得我们信任的人。

我们焦家是有家风的。这家风自然是从奶奶教育父亲开始,父亲又教育了我们。我们自然要好好地传承下去。而在这里,我特别想说一下我的母亲,她也是焦家家风最重要的施教人。父亲去世时,母亲才三十几岁,她一个人把我们兄妹六人养大,且又要强地供我们上学、工作。我母亲也是做过县政府领导的人,但是她对凡是有利益的事情,一律往后面躲。她说了,不能因为是焦裕禄的爱人就要占体制的便宜。而且,我们兄妹几个人的工作,她都没有动用过关系。唯一她自己过问工作的,却是为了张继焦。因为没有血缘关系,而继焦的家里又确实穷,母亲把他当作一个编外的儿子养,为了他的工作操了不少的心,生生地让我们兄妹几个又多了一个弟弟。

但这种人情上的付出,也有收获,母亲晚年的时候,继焦也出了力。人心换人心。父亲就是这样用自己的脚一步步地走到百姓的家里,最后获得老百姓的认可。亲自付出了,收获起来才安心。这是我们家风里最为重要的一点。

现在我每次回到兰考都觉得很亲切,这是我生活了很多年的地方,这也是我父亲奉献了生命和精神的地方。到这里来转一转,看一看,父亲和母亲年轻时的样子便又如在眼前了。趁着我的身体还能走动,我会继续去宣传我父亲的事。在我心里,他不仅仅是一个党的好干部,更是一个有着人格魅力的亲人。

2017 年 3 月 22 日

前言
好家风就是好国风

那篇感动全国的大通讯《县委书记的好榜样——焦裕禄》的最后一个小标题是这样的:《他没有死,他还活着》。如果你是一个到河南省兰考县来的游客,你在任何一个时间来兰考走走,都能感觉到焦裕禄仍然还活着。不必说县城里的居民经常去运动健身的焦裕禄陵园,也不必说这儿的人天天骑车开车都要经过的"裕禄大道",单单是兰考县东坝头乡张庄村的乡民,都能说出焦裕禄当年在这里干过的活计。焦裕禄去世了五十余年,但是,他仍然活在人们的口碑里,活在老百姓的思念里,还活在老百姓家风传承的教育里。

焦裕禄不仅活在兰考,还活在全国。

据不完全统计,从焦裕禄去世至今,焦裕禄三个字出现在《人民日报》头版的次数已经超过了八十次。

2018年初,央视网滚动播出了一个叫《家风传承》的公益短视频。三个家庭的故事,三种让人感动的家风传承。其中第二个接受采访的人物是焦裕禄的大女儿焦守凤。焦守凤说的那段关于焦裕禄家风的话,朴实无华,却又十分诚挚:"不搞特殊化。俺爹这句话,我记了一辈子。父亲的光环是他的,自己的路还要自己走。"

2014年3月,习近平重访兰考时会见了焦裕禄的五个子女。二女儿焦守云对总书记说:"我们一定继承好父亲的精神,把家教家风一代代地保持传承下去。"总书记听后,一边点头一边说:"好家风,好家风。"

领导干部"十不准",是焦裕禄因为大儿子焦国庆去看了一场白戏而制定出来的关于领导干部管理家庭成员的规章制度。2009年,国家副主席习近平到兰考考察,接见焦裕禄的子女时握着焦国庆的手说:"你看了一场'白戏',你父亲还专门召开了家庭会议,起草了《干部十不准》,规定任何干部在任何时候都不能搞特殊化。'看白戏'的故事始终深深地印在我的脑海里。"

习近平总书记是焦裕禄精神的践行者和宣传员。早在上世纪80年代,他在河北省正定县做县委书记的时候,便以焦裕禄式的好干部来要求自己。90年代,他在担任福州市委书记的时候,有一天看到《人民日报》头版头条又一次发表穆青、冯健和周原合写的通讯报道《人民呼唤焦裕禄》,激动难眠,文思泉涌,于是填写了一首词《念奴娇·追思焦裕禄》,这首词后来发表在《福州日报》上,其中"百姓谁不爱好官?把泪焦桐成雨。生也沙丘,死也沙丘,父老生死系"几句话,将焦裕禄一生奉献在兰考的形象刻画得很到位。焦裕禄在老百姓的口碑里,也正如习近平同志的诗句一般:生也沙丘,死也沙丘。生也兰考,死也兰考。

党的十八大以降,习近平总书记在不同的场合均谈到了家风传承的重要性。他说:"家庭的前途命运同国家和民族的前途命运紧密相连。"他多次强调:要注重家庭,注重家教,注重家风。

2015年2月17日,习近平总书记在春节团拜会上第一次提到家庭家教和家风的重要性。他说:"不论时代发生多大变化,不论生活格局发生多大变化,我们都要重视家庭建设,注重家庭、注重家教、注重家风。中华民族自古以来就重视家庭、重视亲情。家和万事兴、天伦之乐、尊老爱幼、贤妻良母、相夫教子、勤俭持家等,都体现了中国人的这种观念。'慈母手中线,游子身上衣。临行密密缝,意恐迟迟归。谁言寸草心,报得三春晖。'唐代诗人孟郊的这首《游子吟》,生动表达了中国人深厚的家庭情结。家庭是社会的基本细胞,是人生的第一所学校。不论时代发生多大变化,不论生活格局发生多大变化,我们都要重视家庭建设,注重家庭、注重家教、注重家风,紧密结合培育和弘扬社会主义核心价值观,发扬光大中华民族传统家庭美德,促进家庭和睦,促进亲人相亲相爱,促进下一代健康成长,促进老年人老有所养,使千千万万个家庭成为国家发展、民族进步、社会和谐的重要基点。"

从普通家风的传承到对领导干部家风的特别要求，习近平总书记也有过具体的阐述。在2015年2月27日中央全面深化改革领导小组的会议上，习近平这样说："领导干部的家风，不仅关系自己的家庭，而且关系党风政风。领导干部的家风，不是个人小事、家庭私事，而是领导干部作风的重要表现。"

不久以后，习近平同志又将关注的焦距从普通民众的好家风转移到了领导干部的工作作风上来，他在2016年1月12日第十八届中央纪律检查委员会第六次全体会议上讲话时说：这里，我还要强调一下家风问题。从近年来查处的腐败案件看，家风败坏往往是领导干部走向严重违纪违法的重要原因。不少领导干部不仅在前台大搞权钱交易，还纵容家属在幕后收钱敛财，子女等也利用父母影响经商谋利、大发不义之财。有的将自己从政多年积累的"人脉"和"面子"，用在为子女非法牟利上，其危害不可低估。古人说："将教天下，必定其家，必正其身。"

焦裕禄，这位名动中国的基层领导干部的代表人物，他的家风传承，他的工作方式，他对子女的教育状况，无一不是打动人心的中国故事。因此，宣传焦裕禄，不仅仅是对他个人工作忘我的宣传，还有他的血肉部分，他对家庭的爱，他对子女的教育和影响，这些生动的细节，同样需要我们在新的时代学习和记取。在今天的中国，在经济快速发展的当下，我们的精神文明建设更需要关于他的书写。

2016年12月12日，习近平同志在会见第一届全国文明家庭的代表时，曾说过这样一段话："各级领导干部特别是高级干部要继承和弘扬中华优秀传统文化,继承和弘扬革命前辈的红色家风,向焦裕禄、谷文昌、杨善洲等同志学习,做家风建设的表率,把修身、齐家落到实处。"

《礼记·大学》中说:"所谓治国必先齐其家者,其家不可教而能教人者,无之。"所以说,好的家风,才会带来好的社会风气。而一个社会的风气是好的,那么这个国家的国风便自然清澈温暖了。

焦裕禄死了,他还活着。他活在他留下的家风里,活在人民群众的忆念里。这正是这部《焦裕禄家风》写作和出版的意义。

目 录
Contents

第一章
中国最有名的县委书记：焦裕禄感动中国前后　　　　　1

第二章
苦难中的淬炼：焦裕禄所受的教育　　　　　16

第三章
成为国家需要的人：焦裕禄的幸福时光　　　　　35

第四章
专挑最困难的工作干：为什么会选焦裕禄去兰考　　　　　50

第五章
心里装着全体兰考人民：焦裕禄在兰考的 470 天　　　　　65

第六章
多才多艺的温情父亲：焦裕禄在兰考的家庭生活　　　　　128

第七章
吃苦是财富，不能搞特殊：焦裕禄对孩子们的教育　　　　149

第八章
永远朴素，永远热爱生活：焦裕禄后代的现状　　　　　　166

第九章
焦裕禄带来的福祉：后焦裕禄时代的兰考　　　　　　　　210

附　录
参考文献　　　　　　　　　　　　　　　　　　　　　　225

第一章
中国最有名的县委书记：焦裕禄感动中国前后

20世纪60年代中期，焦裕禄因为穆青、冯健和周原的一篇文章感动了中国，成为中国公务员的标志性人物。一直延续到今天，他的敬业、奉献以及和老百姓同甘共苦的精神，仍然是全国数千万干部的标高。关于他的大通讯出炉的前后，也有着说不完的故事。

一、焦裕禄的感人事迹是在林业会议上走向全省的

1964年5月14日，焦裕禄因病在郑州市的河南医学院（现郑

州大学第一附属医院)逝世。四天后的5月18日,时任兰考县委副书记的张钦礼参加河南省在豫东民权县召开的全省沙区造林会议。作为治风沙典型发言人,张钦礼排在第二位,他本该在一个小时以内结束自己的发言,然而,张钦礼在介绍了兰考县的造林情况、成绩和经验的同时,也介绍了已故县委书记焦裕禄在兰考县除"三害"(风沙、盐碱、内涝)诸多感人的细节,会场上不少人泪流满面。当时主持会议的河南省副省长王维群对张钦礼说:"你继续发言,不受时间限制。"这样,张钦礼讲了整整两个半小时,讲了焦裕禄如何一次次在风雪中深入农户家里或田间地头的细节,讲到后来,全场泣不成声。会议结束时,副省长王维群宣布转变会议主题,原本下午继续请典型发言,改为与会人员全体讨论焦裕禄事迹。

在这个会议上,新华社河南分社的记者鲁保国在场,然而,他并没有当场采访张钦礼,对焦裕禄事迹进行深入报道,因为当时的会议主题是全省沙区造林。

1964年8月底,张钦礼给河南省委写了一份《关于兰考人民除"三害"斗争中焦裕禄事迹的报告》,将他上次在沙区造林会议上没有言尽的内容系统地梳理了一遍,写完以后,张钦礼带着这份报告来到郑州,亲手交给了省委办公厅的郝友三主任。之后,经由郝友三的手,又交给了省领导们看。在省"四清"工作会议上,一位省委副书记点名表扬了焦裕禄的忘记小我、造福一方的精神,而省领导的这一段讲话内容,被当期的《四清简报》报道,这是焦裕禄精神第一次在官方的视野里出现。

而在此之前,1964年的6月上旬,兰考县委的通讯宣传干事刘俊生到河南日报社去送稿,遇到了一个老乡叫郭兆麟,郭兆麟是兰考人,当时负责《河南日报》中《党的生活》专栏。郭兆麟向刘俊生约稿,说,7月1日党的生日快要到了,你给我写一篇稿子呗。刘俊生问他要哪方面的稿子,郭兆麟说,好党员、好干部、好党委、好支部都可以,一定要典型。

刘俊生回到县里以后就写了一篇有关焦裕禄的文稿,标题叫《党的一位好干部——记焦裕禄同志二三事》,全文大概有两千多字,写好以后,刘俊生隔日便将稿子送到了河南日报社,交给了郭兆麟。郭兆麟看后,说,这篇文字写得不错,只是专栏不好发。原因有二:一是专栏发稿子比较短,就是几百字的小短文;二是这个稿子还有修改的空间。如果改成一篇专栏文章就可惜了,可以再扩充一下内容,他推荐发表在《河南日报》的一版。于是,刘俊生听从了郭兆麟的建议,将稿子拿了回来,又一次修改加工,第三次送稿给河南日报,然而一直到七一建党节前夕,刘俊生并没有看到自己的稿子发表。刘俊生很执着,又一次到河南日报社问询,时任河南日报副总编的翁少峰对刘俊生说,表扬县委书记这一级别的稿件要向省委领导打报告,批准了才能见报,你的这篇还没有来得及打报告。于是,刘俊生这一篇稿子就这样被耽误了下来。

可能是因为省委的简报里专门报道了省领导表扬焦裕禄精神的内容,新华社河南分社正式确定了重新采访焦裕禄的典型事迹。1964年10月,新华社河南分社的副社长张应先带着记者鲁保国、逯祖毅奔赴兰考。当时兰考县便又派了刘俊生全程陪同。采访组用了近半个月的时间先后采访了县长、负责除"三害"工作的领导张钦礼、县委办公室副主任兼除"三害"办公室主任卓兴隆,甚至所有和焦裕禄有过接触的农民、生产队长,包括焦裕禄住院以后接触过的医生护士们。

新华社的这篇通讯报道最终发表在1964年11月20日的《人民日报》第二版上,标题很长:《焦裕禄同志为党为人民忠心耿耿——中共河南省委号召全省干部学习已故前县委书记为人民服务的革命精神》。

《人民日报》发表后,11月22日《河南日报》转发了这篇稿件,并又组织了一个专栏,专门刊发纪念焦裕禄的文字。这个专栏从11月22日持续到1965年1月,先后发表了十多篇文章。分别有张钦礼的《学习焦裕禄革命精神,彻底改变兰考县的自然面貌》,卓兴隆的《在和焦裕禄相处的日子里》,以及集思的《一尘不染,廉洁奉公》等。最后一篇文章是河南日报社的记者黎路和刘俊生合写的长达4000字的通讯《焦裕禄啊!兰考人民怀念您》。至此,对焦裕禄的宣传工作也告一段落了。焦裕禄并没有走向全国,但是焦裕禄的感人事迹在河南省省内已经引起了关注。

1964年11月20日,《人民日报》刊登《焦裕禄同志为党为人民忠心耿耿》一文,报道焦裕禄事迹

二、记者周原执笔完成《县委书记的榜样——焦裕禄》的初稿

说起焦裕禄走向全国并成为影响中国的重要新闻人物,还要感谢周原。

《县委书记的榜样——焦裕禄》一文署名穆青、冯健和周原,

1964年11月22日,《河南日报》刊登文章,号召全省干部向焦裕禄学习

周原是最后一个名字,然而稿子却是周原执笔写的第一稿。

周原是河南人,原名乔元庆,1927年出生在河南偃师县夹沟村。周原的父亲乔秋远也是一位新闻记者,是和范长江同时期的新闻人。1939年冬,周原的父亲乔秋远到了延安,是国际新闻社华北特派记者,可惜的是,1942年5月,在太行山一次反扫荡战斗中壮烈牺牲。1957年,就职于新华社河南分社的周原,因为一篇报道揭露三门峡工程铺张浪费,而被认为攻击社会主义建设,1958年被划成"右派",到河南林县(现林州)劳动改造。直到四年以后的1962年才摘了"右派"的帽子,返回郑州。

1966年初,时任新华社副社长的穆青、记者冯健和杨居人从北京到西安去开会,路过郑州,和新华社河南分社的记者们见面座谈。周原虽然参与听会,但没有安排他发言。穆青知道周原,因为周原刚刚写过一篇关于新乡七里营公社刘庄村支书史来贺的长篇通讯,很有影响。穆青让他谈谈,周原就谈了他在豫北采访时底层民众的消极等待情绪。

穆青临离开郑州时,让新华社河南分社社长朱波转告周原,让周原在半个月以内为他找到一个采访的线索或者典型人物。

当时的周原非常重视,穆青留给他的采访任务对他来说是一次重要的机会。他先是到了穆青的老家河南杞县,想着如果杞县有典型的人物和事件报给穆青会更容易通过。然而,到达杞县的当天,杞县正好开大会,县委大院里没有一个人,找不到人采访的周原在杞县的长途车站旁边住了一晚。第二天早饭后,他身边正有一辆长途汽车开动,他不假思索地跳上了车,上车以后才知道,车是开往兰考的。周原想,兰考就兰考。

周原到兰考县委大院以后,掏出了介绍信给办公室的人,接待他的正是跟着焦裕禄拍照的宣传干事刘俊生。

周原说,他是替新华社副社长穆青探路的,先来打探一下有什么感人的事迹和新闻线索没有。

刘俊生对周原说:我们兰考这几年一直在除"三害",因为除"三害"我们老县委书记活活给累死了。

周原没有听明白,重复问他:谁为除"三害"活活累死了?

刘俊生说:我们的县委书记啊,焦裕禄。

刘俊生一直保存着焦裕禄的一双破烂得不能穿的鞋子,这是焦裕禄逝世后,刘俊生找到后收藏了的,他觉得,这就是焦裕禄在世时艰苦朴素的最为真实的物证了。一双袜子上补着几个补丁,鞋子也是。焦裕禄在世时常对身边的人说,穿成这样,我们也比农民们穿得好。

刘俊生还保留着焦裕禄坐过的藤椅。焦裕禄肝部疼痛的时候,会拿一个刷子或者茶杯盖子顶着自己的肝部,时间久了,将藤椅顶了一个大洞。

刘俊生指着这些焦裕禄用过的物品,给周原说着说着,又想起和焦裕禄在一起工作时的情形,他伤心极了,落了泪。周原被感动了,一直听着记着。刘俊生后来领着周原见了县委书记,县委书记因为刚刚到任不久,不了解除"三害"的工作,将周原介绍给了和焦裕禄一起工作过的县委副书记张钦礼。

张钦礼佩服焦裕禄,也尊敬焦裕禄。周原和张钦礼在这儿一聊就是18个小时。然后周原又跟着张钦礼到了焦裕禄治理风沙的重点村庄张庄村,周原在张庄住了三天,采访了三天的群众。前后在兰考待了7天时间。

周原离开兰考以后又去了杞县、民权和柘城,都没有遇到让他心动的人,他心心念念要写的人物就是焦裕禄。

等周原回到郑州,穆青刚好从西安开完会,也到了郑州。但是穆青回到郑州后被国务院一个领导给叫去了。因为守卫很严,周原见不到穆青,直到穆青自己想办法脱身,二人才相见。

周原便将自己找到焦裕禄这个典型的经过给穆青说了,周原的汇报让穆青很动心,周原领着穆青一行先是到了其他几个县看了一下他采访的对象,最后一站到了兰考。1965年12月17日,穆青一行人到了兰考县委大院,得到消息的县委副书记张钦礼有些紧张,不知道该如何说。周原就在一边给张钦礼打气,说,你第一次如何对我说的,现在重新说一下,说得再具体一点,再细微一点。

张钦礼给穆青简单介绍了兰考在焦裕禄的带领下是如何大干苦干除"三害"的。正在乡下采访的刘俊生回来后,也加入了汇报的行列,刘俊生又介绍了他是如何在大雪天跟着焦裕禄一户一户去困难群众家里慰问,看看群众家有没有烧的,有没有穿的和吃的。焦裕禄离开人世前,还惦念着兰考的沙丘治理、泡桐树的栽种和盐碱地的治理。

刘俊生讲到焦裕禄去世后,几十个贫下中农自己跑到郑州市烈士陵园哭坟时,穆青忍不住,哭了,在房间里来回走动。穆青对随行的记者说,我做新闻28年了,都没有哭过,这一次,我被焦裕禄吃过的苦做过的实事感动了。焦裕禄精神太可贵了,虽然已经报道过了,但是我们这次要重新组织报道,如果不把焦裕禄事迹报道出去,我们做新闻的就失职了。

吃饭的时候到了,穆青他们吃不下饭,坐在饭桌边不动筷子,穆青声音都沙哑了,说:不吃了,吃不下去。

穆青想要采访更多的人,所有了解或者和焦裕禄有过接触的人,他都想见一见。

刘俊生就召集了一群人,除了张钦礼、卓兴隆,还有经常和焦裕禄一起下乡的李忠修、张思义,以及陪着焦裕禄看病的赵文选。刚开始讲的时候,大家还都很镇静,等到一个人说起焦裕禄让人落泪的细节时,一个人一哭,其他人开始补充细节,说着说着,就全哭了起来。座谈会开到半夜,采访的人笔记本都湿了。

穆青说,今天太难过了,不说了,我们明天再接着采访。

第二天,穆青又让县委联系了各公社的负责人来谈谈焦裕禄。穆青还要看望焦裕禄在农村工作时结识的朋友,比如那位养牛的萧位芬大爷。穆青到萧位芬家里的时候,萧大爷正在吃饭,一听说是来采访焦裕禄的事情,萧大爷就哭了。

采访完成以后,穆青一行人住到了开封。穆青让周原负责写焦裕禄，让冯健写豫东形势的通讯，杨居人写社论，朱波写短评，他呢，在各个房间里来回转悠，当监工。半夜的时候，穆青到了周原的房间，看到周原的稿纸上有一句话，"他心里装着全体人民，唯独没有他自己"，穆青对周原说，像这样总结得很有高度的句子多来一些。

周原采访的材料多，又回到郑州继续写。穆青呢，住在郑州等着他写。

这是1966年的年初，一场惊心动魄的"文化大革命"即将开始，而周原在通讯报道的开头是如何写的呢？

一九六二年冬天，正是豫东兰考县遭受内涝、风沙、盐碱三害最严重的时刻。这一年，春天风沙打毁了二十万亩麦子，秋天淹坏了三十多万亩庄稼，盐碱地上有十万亩禾苗碱死，全县的粮食产量下降到了历年的最低水平。

就是在这样的关口，党派焦裕禄来到了兰考。

展现在焦裕禄面前的兰考大地，是一幅多么苦难的景象呵！横贯全境的两条黄河故道，是一眼看不到边的黄沙；片片内涝的洼窝里，结着青色的冰凌；白茫茫的盐碱地上，枯草在寒风中抖动。

是的，开头写了一个灾难深重的县城。这在"文革"期间完全是对社会主义建设的"重大诋毁"。果然，第二年，穆青便因这篇报道被批斗。

周原写好初稿以后,先是由冯健修改,后来穆青自己又动手改了几遍,一直改到了这篇通讯报道的第七稿。为了没有事实出入,保证每一个细节都是真实的,穆青将最后修定的稿子让周原拿到兰考再对一遍。

周原带着穆青修定的稿子来到兰考做最后的核对,时间巧合,周原正赶上兰考召开公社、大队、生产队三级干部大会。周原说明了来意,兰考县委就决定在三级干部大会上读这篇通讯。先是县委副书记张钦礼拿着稿子念,念了个开头,张钦礼就念不下去了。卓兴隆接过来念,念到一半的时候卓兴隆痛哭失声。周原只好接过稿子自己念,有几次,周原也是中断了念稿,泪流不止。这样三级干部大会又成了一个怀念焦裕禄的追思会。念完了稿子以后,让大家来核实通讯报道中的细节是不是有误,结果除了修改几个人名、地名,大家鼓掌通过了这篇通讯报道。

周原将信息转述给穆青以后,穆青将稿子送给了中共中央书记处书记彭真一份。彭真看完以后,很感动,问穆青为什么将稿子送到了他这里,是不是发表上有什么难题了。

穆青就将自己的担心说了:

焦裕禄的事迹,我已经在新华社里作了报告,大家听了都很感动。但这篇文章是否可以发表,怎么发表,我不敢做主。我担心两件事情。第一个,困难时期兰考群众没饭吃,逃荒到外地要饭,这种事情能不能写?如果不写这些细节,焦裕禄精神就不会这么生动感人;写了这些呢,是不是就暴露了中国的黑暗面?不过,如果要发表焦裕禄这篇稿件,灾荒的细节不能删,如果删了就不要发,删了,这个典型就没有意义了。第二个担心的事情是,这篇通讯报道,通篇没有提阶级斗争。可是在当时,全国都在强调阶级斗争的事情。如果这么重要的文章不提阶级斗争的话,算不算和中央唱反调?

彭真将稿件又一页一页地翻了一遍,问穆青吴冷西的意见,吴冷西当时是新华社社长兼人民日报总编辑,穆青说,吴社长觉得稿子不发太可惜了,但是他对上述两点也拿不定主意,所以请求彭真书记来定。彭真最后签字同意穆青发表。

三、中央人民广播电台的播音让焦裕禄闻名全国

1966年2月6日上午,中央人民广播电台知名主持人齐越,在播出长篇通讯《县委书记的榜样——焦裕禄》时泣不成声,录音中断了无数次,甚至到中间的时候,齐越趴在桌子上痛哭不止。齐越的声音经过电波的传递,一时间感动了亿万听众。不仅如此,中央人民广播电台还连续几天重播这篇通讯稿子。播出的第二天,《人民日报》在头版头条的位置发表了全文,并配发了《向毛主席的好学生——焦裕禄学习》的社论。至此,焦裕禄成为中国

最为有名的县委书记。

焦裕禄用奉献自己生命的方式融入了他所工作的县。从此他和兰考县几乎成为同一个名字,说起兰考大家便都知道了焦裕禄;而同样,当人们谈论起焦裕禄,马上想到的便是兰考县的贫穷。

焦裕禄闻名全国以后,全中国的记者都拥向了兰考,焦裕禄所走过的路,焦裕禄见过的人、种过的树,全被发掘出来。焦裕禄几乎有了第二次生命。他逝世了,他累死在兰考的大地上,然而,他又在兰考重生。他的精神,他的名字,他的所有的付出都被一次一次地描述,成为整个中国可以相互讨论和印证的共同的记忆。

穆青并没有停止报道,他又带着记者连续采访兰考在焦裕禄逝世后发生的变化。

不只是新闻记者,还有作家、画家、戏剧编剧,甚至是音乐家和摄影家们,都来到了兰考,他们要亲眼看一看被焦裕禄改变的兰考。

据刘俊生回忆,最多的时候,兰考县一天接待300多名记者和采访团。

这大大超出了当时兰考的接待能力。开封地委听说了情况以后,专门从地委机关抽调了一批干部和车辆,到兰考协助接待。

这一段时间,最为忙碌的是兰考县委的领导班子。所有的记者都想采访一下继任的县委书记对焦裕禄怎么看,副书记张钦礼因为介绍焦裕禄的事迹,嗓子都哑了。一时间,张钦礼成了宣传焦裕禄的一个新闻发言人,他也因此获得了新闻媒体的关注。

第二章

苦难中的淬炼：焦裕禄所受的教育

一、上学得益于外婆家资助

焦裕禄生于1922年8月16日，是焦家第二个儿子。父亲叫焦方田，祖父叫焦念礼。焦裕禄这个名字，是祖父托了村里的私塾先生起的，取个好念头，裕是宽裕的意思，禄呢，是想着让这个孩子长大了能吃上国家的俸禄。

殷云岭与陈新在《焦裕禄传》里这样写道："喜得孙子的焦念礼设计了这个可以一展宏图的名字，因而他要举行一个喜庆的典仪,据有关传说记载,那位因人逢喜事而精神焕发的老爷子倾其所有,慷慨地招待了私塾先生一顿萝卜丸子和豆腐汤。"

焦裕禄的幼学教育自然是由母亲担当的,正处于民国的中国底层非常贫困,焦裕禄在母亲的教育下首先认识的不是文字和数字,而是野菜的名字:马齿苋、花荠菜、灰灰菜、苦苦菜。不仅是在野地里看菜识名字,也还有歌谣来传唱。比如这样的内容:

> 灰灰菜,苦苦菜
> 十吊铜钱俺不卖
> 胜过山珍海味菜

> 荠菜棵,熬豆沫
> 大碗冷着小碗喝
> 松松裤腰喝三锅

焦裕禄后来是在外婆家的资助下上的学,在外婆村里的南崮山村小学。在上南崮山小学之前,焦裕禄在本村上了四年的私塾。作家何香久在《焦裕禄传》中这样写焦裕禄的开蒙史:

> 当然,让这个穷家中的两个子弟都能读书识字,也多亏了爷爷焦念礼。焦念礼早些年吃过不识字的亏,稀里糊涂在

人家一份声称欠发工钱的文书上画了押,后来这纸文书竟然成了他欠别人的借据。一年血汗钱分文没拿到,倒赔掉了二亩养命田。吃了这个亏,他发下誓愿,砸锅卖铁,也要让两个孙子读书识字。两个孩子都很争气,他们心里明白,这样一个穷家供两个孩子读书要付出多大的代价。他们读书特别勤奋,悬梁刺股、囊萤映雪,比别人多下了几倍的功夫。放学后,还要背上筐子去山上割草砍柴,补贴家用。哥哥焦裕生写得一手漂亮的毛笔字,弟弟焦裕禄入学后,更是表现出天资聪颖,门门功课都是优秀。因为闹灾荒,哥哥焦裕生读到四年级就辍学务农,娶妻生子后又去博山县的买卖铺子当学徒。

关于焦裕禄的优秀,殷云岭与陈新在写《焦裕禄传》时专门去采访了焦裕禄的同学李安祥,李安祥毕业后一直在焦裕禄就读的学校当老师,直到退休。他和焦裕禄坐同桌,他说焦裕禄的作文写得好,有一篇作文题目叫作《阚家泉的风景》,全班同学当作范文来学习,他会背诵其中的一些段落:

> 仁者爱山,智者乐水。我钦佩那些为国建立过功勋的仁人智者,更爱哺育过无数仁人智者的好山好水。而最令我喜爱的,就是岳阳山南山脚与崮山西山脚交会处的阚家泉……

阚家泉的泉眼有锅口粗细,传说有一条蛟龙自东海钻来,在此处出洞,洞口也就成了泉眼。清凌凌的泉水从泉眼涌出,在近处的洼地浸成一个小湖,然后冲刷出一条河流,流经南崮山我的学校,奔向山外的天井湾去。我常在湖里河里游水捉鱼,也想看见那条蛟龙是怎么自泉眼钻出,张开巨口对着山上的旱地喷水……

现在来读,仍然觉得这是一篇文词皆美的好文字。不仅有发现生活的能力,还有着隐隐的情怀。

在南崮山小学,焦裕禄还参加了学校的鼓乐队,先是吹军号,后来又练习二胡,他一生都喜欢二胡,便是和小学的音乐教育有关。后来在乐队里他又做过鼓手。

焦守云在《我的父亲焦裕禄》一书中也专门写到了焦裕禄的音乐学习经历:"父亲在小学四年级时参加了学校的雅乐队。二胡、小号,他都勤学苦练。特别是对二胡,更是弓法娴熟。对音乐的热爱使得父亲很有文艺范。在此后的学习、工作中,他又学会了唱歌跳舞,很受周围人的欢迎。这些技能不但帮助他和苏联专家拉近了感情,促进了工作,也引起了我母亲的关注,由此二人才接近并走入婚姻殿堂。"

二、辍学后的苦难人生

1936年底,小学未毕业的焦裕禄主动辍学了。爷爷病了,哥哥又不在家里。家里借了别人的钱,年底时是要还债的。如果债还不上,孩子却上着学,债主自然不乐意。

焦裕禄是在这样的情景下退学的。

退学后,焦裕禄和叔叔焦方佃一起,推着独轮车到博山县城卖油。卖完油以后,再推一车煤回来,往返七十多里的山路,焦裕禄的脚上磨出了许多血泡。后来,叔叔焦方佃向常推独轮车的人讨了一个偏方,就是用马尾丝将血泡刺破,将血水挤出来,然后,把炒熟的白萝卜籽垫在焦裕禄的鞋里,这样便不再磨出新泡了。

这是苦难生活对焦裕禄的教育。这样应对苦难生活的方法,比任何教科书上的内容都实用。

1937年11月底,日本人进入博山县。日本人来了,焦家的油坊生意更不好做了,不幸的是,榨油坊的骡子又病死了。焦裕禄的父亲焦方田借了本家焦绍中三块银元,只是过了几年以后,连本带息便成了十块。看着家里面的光景,一时间是还不上这债务了。焦裕禄的父亲焦方田想不开,上吊自尽了。

父亲还没有出殡,焦裕禄却又被日本人抓去做壮丁。按照焦家祖上的规矩,焦方田死了,需要儿子顶包打瓦。可是焦裕禄的哥哥出门以后多年没有音信,焦裕禄又被日本人抓走了。焦家主事的族长便召集焦裕禄的母亲和焦家其他人开会,说是规矩不能破,焦裕禄如果回不来,就只能从焦家其他人家里找个人替焦裕禄给父亲当孝子,不过照老规矩,当了孝子的人将来要继承焦裕禄家的财产。

焦裕禄的母亲觉得这规矩没有人性,他们家正是百事不顺的时候,族里的人不但不来帮助,反而在最为困难的时候敲竹杠,所以她拒绝了族长的提议,自己披麻戴孝给焦方田送了终。

焦裕禄被日本人抓去以后,母亲去县城多次,也没有将他救出来。焦裕禄在自己的干部档案里曾经写过这一段经历。从博山县到济南的宪兵队,焦裕禄受尽了折磨。最后,他们被押送到一个叫作"救国训练所"的地方,在这里每天吃饭前要念一段感恩日本的话,备受屈辱。

在训练所里进行洗脑训练一周后,焦裕禄和一些受难者一起被押上了闷罐汽车拉到了抚顺大山深处的一个煤矿。在焦裕禄干部档案的小传里,焦裕禄这样写道:"到煤窑后,因所有人都在宪兵队被折磨了半年多,只剩一身骨头,不能走路,还要下坑。每天早晨,大把头拿着棍子到宿舍查遍,谁不下坑便用棍子毒打。再加上有些人因在宪兵队吃不饱又吃不到油盐,到煤矿后叫吃饱了,但吃得过多肠子胀破了。有些人得了病不能治。不到一个月,我们附近村庄被抓去的老百姓又死去十几个,只剩下我们三人了,我们对门一家的一个祖父焦念重也死在此煤窑了。"

三、生活给了他最为苦难的教育

1942年秋天,焦裕禄费尽周折,终于逃出了抚顺,回到家中。然而,因为没有良民证,刚回到家里便被抓到镇公所。焦裕禄的母亲卖掉了半亩地,给汉奸买了大烟膏,才将焦裕禄救出来。

此时,焦裕禄的嫂子已经离世,焦裕禄的母亲忙着给焦裕禄张罗一门亲事。女方姓郑,比焦裕禄大两岁。1943年,焦裕禄的第一个孩子焦连喜出生,然而,这年秋天,在焦裕禄带着妻子和岳母以及孩子外出逃荒的路上,因为人实在太多,孩子在拥挤中断了气。

接下来的日子,焦裕禄在自传中有专门的叙述。摘录一段:

一九四三年(二十岁)逃荒到了江苏省宿迁县城东十五里双茶棚村,在已早逃荒去的黄台村几家老百姓家住下,岳母的婆婆出去要饭,岳母给一家开饭铺姓张的家烧锅做饭(因岳父早已死了,实际她跟姓张的过了),我女人纺花,我在姓张家担水混几顿饭吃,在此住了半个月,饭铺姓张的将我与我们一同逃荒的皮峪村一姓张的共同介绍到城东二里园上村当雇工,我与女人在地主胡春荣家当雇工,住在地主一头是猪圈一头是牛草的小棚里,女人纺花,老岳母跟我一起要饭，我与地主种地。姓张的老乡雇在西院胡春荣的二哥家。我在地主胡春荣家当了二年雇工，第一年挣五斗粮食（每斗十四斤），第二年挣一石五斗粮食。（一九）四五年又生一小女孩（即现在大连上学的这一女孩）。当雇工二年来才真正认识了地主是如何剥削压迫雇工的。一九四五年六七月间，新四军北上，宿迁县解放了，人民政权建立了，工作人员不断召开会议，并听到我家乡也解放了，我们一伙逃荒的，黄台村、郭庄村、皮峪村的几家一同回家了。我二年工资和女人纺花挣的钱，买了一头驴与老乡一同推小车回家了。

日本投降后不久，焦裕禄回到了博山县北崮山村，并积极加入了村里的民兵组织。

在兰考县焦裕禄纪念馆里保存着的焦裕禄简历中，有着入党的自述情况是这样的：1946年1月，由本村民兵队长焦方开介绍入党，同年3月转正。

1947年，因革命工作需要，焦裕禄作为有土改工作经验的干部随部队南下。1947年10月，经过三个月的集训，焦裕禄被分配到淮河大队一中队一分队担任班长。焦裕禄吃过很多苦，这让他有了不一样的见识，对生活也格外的感恩。所以，他走到哪里，都是笑声一片。他能说会唱，很是受大家的欢迎。淮河大队的首长很快发现了他的音乐才华，在行军的途中便让他参与排练了一个

土改时期的焦裕禄

有鼓劲作用的现代歌剧《血泪仇》。

《血泪仇》的剧情是为了控诉官僚地主而写的,大意是说河南省的一位贫苦农民王东才一家,在地主的压迫之下家破人亡、妻离子散。王东才家里本来有三亩田地、两间房屋,为了还债押给了地主，他们全家住进了村里的破庙以讨饭为生。这个剧情让焦裕禄想到被逼上吊的父亲和他自己外出逃荒要饭的经历。

剧情中王东才被田保长抓去做壮丁，王东才的父母亲为了救儿子，将王东才的女儿桂花卖掉。焦裕禄饰演《血泪仇》中的王东才，而女战士王殿英饰演王东才的女儿桂花。演出非常成功。本来需要继续前行，前往大别山区的焦裕禄一行被豫皖苏边区党委给留了下来。

焦裕禄随后被分配到了河南省尉氏县彭店区工作，主要负责土地改革。

在尉氏工作期间，焦裕禄给远在家乡的妻子郑氏写了很多封信，想让妻子带着女儿来尉氏，他甚至还画了一张详细的路线图。但是让他不解的是，妻子找村子里的私塾先生代笔回信的内容竟然是：离婚。

殷云岭与陈新在《焦裕禄传》中透露出，郑氏给焦裕禄写完离婚的信以后，没有和婆婆透露半点消息，直接将自己衣物打包搬到了本家一个叔公家里，甚至把她和焦裕禄的女儿焦守凤也一并带走了。

至此，焦裕禄的人生可谓经历了父亲自杀，爷爷病死，自己被日本人抓捕，第一个孩子又在逃荒的路上意外死亡，现在妻子竟然离自己而去。

生活给他的教育是苦的，是充满了悲伤的。然而，还好，不久后,他在尉氏县便遇到了自己的爱情。

他的夫人徐俊雅及时地出现在他的人生中,治愈了他的苦痛。

焦守云女士在《我的父亲焦裕禄》一书中这样记录父母亲的结合:

1950年6月,尉氏选招一批人到河南省团校参加培训,父亲是学员的负责人。在那里他们的接触多起来。父亲喜欢拉二胡,他演出《血泪仇》的故事也为人所知,所以母亲就很愿意接近他。在交往过程中,母亲喜欢上了这个山东大高个儿,反倒是父亲有顾虑,毕竟比对方大八九岁。果然,我姥姥一百个不同意,说他有点黑,还是山东人,距离太远,不舍得唯一的女儿嫁得那么远。不过我姥爷特别喜欢我父亲,他是个教书先生,认定我父亲老实聪明,有前途,一下就看上我父亲了。他觉得男人年龄大点不算什么。我曾听母亲讲,当年奶奶一眼就看上了她的大辫子;也因为父亲一个人在外,奶奶特别希望有人能照顾他,所以就请求我母亲嫁到焦家。尽管姥姥不是很满意,但母亲是个拗脾气,就认定了我的父亲,还是和他领了结婚证。结婚那天,父亲拉二胡,母亲唱《小二黑结婚》中小芹的台词,引来众人的喝彩。

而关于徐俊雅母亲不想让女儿嫁给焦裕禄这件事情,焦守云女士在接受笔者采访的时候讲了这样一个事情:那是徐俊雅和焦裕禄决定要结婚的前夕,为了让母亲不再唠叨自己的婚事,徐俊雅决定早一些和焦裕禄办婚礼。然而,时间一紧张,她本来计划要绣一对鸳鸯枕头的,最后,却只绣了一只枕头,就赶时间办了婚礼。

只绣了一只枕头,这成了徐俊雅的心病。一直到焦裕禄因病去世,徐俊雅总是后悔自己太傻。她总觉得,自己只绣了一个枕头,像是一种命运的暗示。最后,焦裕禄果然在年轻的时候就弃他们母子七人而去。徐俊雅多次和焦守云他们几个孩子说起这件事情,说她的后悔。这从侧面也反映了她当时和焦裕禄的婚姻,还是遇到了一些挫折。

如果说焦裕禄和徐俊雅结婚之前所接受的教育基本上是生活给他的,基本是挫折的,苦难的,那么这些苦难大多是肉体上的。在精神上,焦裕禄一直是一个丰富的人。他有追求,有对美好生活的向往。

四、欢喜,去哈工大学习

1953年春天,焦裕禄调任郑州团地委第二书记,夏天的时候,又被调往洛阳矿山机器厂,担任筹建处资料办公室秘书组副组长。

完成了学校教育以后的焦裕禄,在困苦日子里挣扎,他很会观察环境,学习新的生存技能。比如焦裕禄刚刚从江苏宿迁回到老家当民兵的时候,他自告奋勇去学习制造石雷的技术。焦裕禄跟着他的师傅安海林,学会了炒制火药,制造发火装置,以及将火药装入凿制好的石块中,制成绊雷、踏雷和滚雷。

现在淄博市的焦裕禄纪念馆里,还存放着焦裕禄当年亲手制造的石雷。

到什么山头唱什么歌,是焦裕禄在社会闯荡多年的生存经验,也使得他有了适应新环境、学习新技术的能力。

1953年6月,焦裕禄到了洛阳,对于他们这些只会打游击战争制造土雷的土八路,下面的工人们有议论,认为他们是外行领导内行。

焦裕禄意识到别人对他们的不信任是缘自他们的确没有专业知识,所以他在开会的时候告诉自己的战友们:"搞工业建设毕竟是一个崭新的课题,要比农村工作复杂多倍。必须迅速掌握科学技术知识,掌握现代化的管理知识。若要尽快入门入路,只有学习,向工人群众学,向知识分子学,向专家学,向一切内行的人学,边学边干。"

对于焦裕禄来说,每一次接触到自己不熟悉的业务,都是他受教育的开始,他是一个海绵型的人,对一切他未知的领域都充

1953年焦裕禄在洛阳矿山机器厂留影

满了好奇和热情。

　　焦裕禄情商高,吃过别人没有吃过的苦头,这对于他自己来说是一笔珍贵的财富。所以,在艰苦环境下,他很快就发现,有一些知识分子或者技术工人,不能吃苦,有时候会有情绪。他呢,这个时候会提前察知,找到这些人谈心,说说事实,说一说任务完成以后的情况,树一个目标,让这些人慢慢地不再焦虑。

可以说,焦裕禄利用自己的人生经验,渐渐与一些陌生的人成为朋友,成为战友。他发现自己身上有这种团结别人的能力,而这种能力,得益于他的血泪仇和家国恨,得益于他以往经历的每一次磨难和疼痛。

在矿山机器厂做的第一件事情,是修路。焦裕禄任修路总指挥,他带领着一群修路工人和工程师,提前完成了修路工作,为接下来建厂房运输物资赢得了时间。

这个时期的焦裕禄仍然在学习,殷云岭与陈新在《焦裕禄传》中这样写他的生活:"洛阳之役,战况纷繁,包罗万象,焦裕禄不会毕其功而于一役,更艰巨更复杂更高深的课题还在后头。因而焦裕禄的办公桌上、床头边开始堆满了《机械工业企业管理概论》《机械制造工艺学》之类的书籍,字典、辞典更是不离身边。"

在洛阳矿山机器厂工作一年以后,厂里选派100多名年轻的干部到上海交大、哈尔滨工业大学、沈阳财经学院等大学去深造,焦裕禄与王明伦等五人被分配到了哈尔滨工业大学。

这是自小学毕业以后,焦裕禄第一次真正意义上的接受教育。

2009年,时年已经85岁的王明伦在洛阳涧西区自己的住处接受记者石文禹采访时,详细谈到了他当年和焦裕禄等五人一起去哈尔滨工业大学学习的情形:"我们进入哈工大后,被安排在南岗平房住宿。校领导向我们传达了调干生的教学计划,首先学习速成中学课程,每个学员都达到高中程度再编入大学本科,并且给每人发了十几本初中和高中课本。我们五个人被安排在同一宿舍,白天上课,晚上自学。焦裕禄原来只有小学文化程度,每天下课之后,他从来不出去玩,非把当天作业完成才休息,经常学到深夜12点。有的数学题太难,几个人都做不出来,焦裕禄就跑到别的宿舍,请教其他同学,甚至到离宿舍较远的大学生宿舍,请教大学生。"

是啊,如果不学好基础课,那么,就意味着接下来大学本科的学习会陷入更加困难的境地。所以,焦裕禄他们几个人不敢不努力。

然而,他们是工厂的中坚分子,有很多事情他们身不由己。就在他们即将转入本科生的班里继续学习的时候,洛阳矿山机器厂的培训计划调整了,因为人才稀缺,总部通知他们五个人立即结束学习,回到厂里上班。

焦裕禄等五个人都想不通,他们克服了种种学习上的困难,终于学完了全部的补习课程,马上就可以就读本科的专业知识了。除焦裕禄以外,其余四人均不想回厂,他们甚至决定不要厂里的助学金了,也不要厂里的工资,无论如何也要抓住这次学习的机会,将来可以更好地为国家做贡献。

然而，焦裕禄最后还是想通了。经过一番心理斗争，他最后厘清了他们这五个调干生的身份，他们不是普通的学生，而是工厂里等着急用的领导干部，是机器上的螺丝，如果他们不回去，那机器可能就运转不了。他对其他四位同学做思想工作，大意是：我们如果不是受到工厂的指派，那么，我们现在是自由的；但是现在我们和工厂有约定，而且现在工厂正处于攻关阶段，我们个人的利益需要做些牺牲；等过了这一阵子，工厂里的人才多了，我们还是有机会再出来学习的。

五个人都是共产党员，在那样一个语境下，心里也都是很矛盾的。焦裕禄将他们每一个人身上为公共利益做牺牲的弦拨响了，经过思考，大家虽然觉得很遗憾，还是同意和焦裕禄一起回到厂子里。

回到厂子里他们才知道，原来厂子的建设速度要加快，所以，人才也不能按照原来的节奏来培养了。他们这些去各个大学培训学习的人召回来以后，要立即分配到全国各地的机械厂去实习，实地操作地学习专业技术知识和管理技能。

焦裕禄要带着去哈工大的原班人马去大连起重机厂实习。这一次，焦裕禄带上了妻子徐俊雅和三个孩子。三个孩子分别是大女儿焦守凤、大儿子焦国庆和二女儿焦守云。

五、去大连工厂实习

1955年春天,到达大连起重机厂以后,焦裕禄被分配到机械车间任实习车间主任。有关他在任实习车间主任期间的学习,殷云岭与陈新在《焦裕禄传》中这样写道:

初入厂房,看着高大的叫不出名字的机器,读不出上面的一个英文字母。实习的教材中,图纸、工艺规程处处离不开代数与几何知识……他拼出全部的心血和精力,刻苦地、刨根问底地学习,虚心地向老师傅请教,向有经验有知识的一切人请教。工人在车床边操作,他站在一旁当下手。为了弄清一个零件的工艺线路,他跟着零件,跑遍一条龙的大小机床,不摸透每一道工序的加工情况,他就不罢休。他带着看不懂的图纸下车间,对着机床和零件学,哪张图画的哪一面,哪一条线画的哪个边,什么符号代表什么零件,弄不清他就问到底。深夜里,他登门请教一位老师傅,怎样以砂轮磨出的火花来鉴别钢材的材质?老师傅戴上老花镜为他讲解。第二天早晨,焦裕禄拿着钢片追赶着老师傅,让他亲手试验给他看。砂轮机一转,摩擦出来的火花灿烂无比。老师傅一边磨一边讲。磨完了一块,焦裕禄就又会掏出来一块。老师傅笑着说你那衣袋成了万宝囊了。焦裕禄赶紧说,师傅您的知识才是真正的万宝囊。

焦裕禄不仅跟着熟练工人学习专业技术上的知识,也跟着老车间主任学习管理,向车间里的计划员学习编排生产流程。

焦裕禄走到哪里,学到哪里,是因为他知道自己的过去耽误得太多了,他想要改变自己,他的受教育的历史伴随着他的一生。不论到哪一个岗位上,他第一件事情是找到一个懂行的人聊天、学习。只要下功夫,没有学不会的,没有做不到的。这大概是他性格中让人喜欢的一点,也是那个苦难的童年给他的最厚的赠礼。

在大连工作生活的一年,是焦裕禄一生中最幸福的一段时光,也是下一个崭新工作的开始。如果不是去兰考,他或者从此会成为中国工业战线上一个专家式的领导。然而,一切都无法假设。焦裕禄多难的人生是他自己一步步的选择。在那样一个火热而理想的时代,他已经将自己完全融化,完全奉献给了他的信仰,他热爱的工作和生活,他热爱的人。

第三章

成为国家需要的人：焦裕禄的幸福时光

一、热爱学习的实习车间主任

1955年3月,根据洛阳矿山机器厂的安排,焦裕禄到了大连起重机厂实习,被分配到机械车间,担任实习车间主任。

焦守云在《我的父亲焦裕禄》一书中对这段幸福生活有简单的介绍：

> 父亲在任实习车间主任的时候,还经常写文章,他的文

章厂报上、广播里经常都会用。他还给厂党委写经营管理、政治思想工作方面的建议,一次又一次引起了重视,有的还形成了厂党委的工作决议。还有一次父亲主动请缨,要求编排生产计划,车间主任就有些犹豫,因为做计划就必须熟悉全车间上百台机器的性能、负荷、产品的要求及本车间与相关车间的情况。但是父亲非常自信,坚持要试试,于是车间主任就把任务交给了他。不承想父亲很快就圆满地制定出了计划,一下子让车间主任对他刮目相看。恰好车间主任要去党校学习,他就向厂里推荐父亲接他的车间主任职务。因为作风民主,业务精湛,父亲被称为最棒的车间主任。父亲的优异表现引起了厂党委的注意,他们想把他留在大连,但是父亲并没有接受,他认为洛矿更需要他。并且他还向大连起重机厂提出请求,希望他们派两个工程师支援洛矿,大连起重机厂满足了他的要求。在大连的时候父亲度过了他一生中最快乐的时光。母亲对我们讲:你爸爸一生没享过福,最好的日子都是在大连度过的。那个时候姥姥跟着他们,奶奶有时候也带我去大连住一段时间。母亲还给父亲买了一套黑呢子干部装,这也是他穿过的最好的衣服。为了接近苏联专家,父亲学会了跳舞。他瘦高个儿,悟性高,跳起舞来风度翩翩。苏联专家都夸他:你一个拉牛尾巴的,舞也跳得这么好。母亲也很时尚,烫了头发,穿上了时髦的布拉吉。他们还经常用稿费叫上工友聚餐。这段生活经历,母亲回忆起来总是陶醉其中。

徐俊雅之所以每每忆起这段时光都觉得陶醉,是因为,在那个大建设的时代,焦裕禄的身份是国家从民兵一步步培养起来的干部,是一个国家随时可以决定一个人去向的奉献者,而在大连期间,有相当长的时间,他不但属于国家,也属于她和他们的孩子。

也就是说,徐俊雅自从与焦裕禄结婚以后,他们几乎没有多少温情的私生活,几乎都是各自为生活奔忙的社会主义集体生活。而从大连回到洛阳以后,焦裕禄基本上又回到了大集体的生活氛围中去了。

只有在大连这一段时间,焦裕禄和徐俊雅才有了将近两年的温馨家庭生活。

那是中苏友谊没有中断的时代,大连起重机厂因为有不少苏联专家而让这个城市有很多时髦的东西出现。徐俊雅和同伴们一起学着那些苏联女人烫了头发,也穿上了苏联风格的连衣裙(布拉吉)。周日休息的时候,徐俊雅和焦裕禄一起,到厂子里的小礼堂和大家一起学跳交谊舞。发了工资,徐俊雅给焦裕禄做了身黑呢中山装,她自己呢,还做了合身的旗袍。周末的时候,他们全家一起到大连海滩边玩耍。孩子们在沙滩上捡贝壳,焦裕禄陪着徐俊雅散步,时间仿佛进入到了爱情的时间里。有时候,为了哄孩子,焦裕禄还会给孩子们唱歌。一家子就那样共同享受着大连的海风和美景。

徐俊雅难忘的生活细节还有大连的海鲜。那时候一家子虽然住在一间仅有十三平方米的小房子里,但是他们开了小灶。焦裕禄传记的作者殷云岭与陈新采访徐俊雅的时候,徐俊雅对他们说起那时的生活细节:"焦裕禄会做各种各样的菜,海鲜海味,炖炸焓炒,无不精通。焦裕禄最拿手的大概要数烧黄花鱼,还有做虾皮包子和虾熬豆腐。那时大连的海鲜特别便宜,焦裕禄又常发表文章,稿费一笔一笔地领来,买饭菜,做衣裳。三角钱一斤的大

焦裕禄和爱人徐俊雅在大连时期合影

海虾,用焦裕禄的稿费时常购买,吃不完,就只好晒成大虾米,日积月累,待到两年大连生活结束要回洛阳时,已经积攒下半面袋大虾米,带回洛阳矿山机器厂,很多邻居也都尝了鲜。"

不得不说,这段生活气息浓郁的描述里,也勾勒出一个勤奋学习的焦裕禄的形象。那些大虾啊衣服啊,都是用焦裕禄写稿挣的稿费买的。而写稿子的那个人,一定得有学习心得才能写作吧。而稿费一笔一笔地领来,说明,焦裕禄一个问题一个问题地攻克了。他学会了,他有了具体的操作体会,他骄傲地描述着这些心得体会,和工友们分享。

虽然说,徐俊雅关注的是焦裕禄的稿费可以换回来好吃的,并改善了家里的生活,但是,她同时也向我们证实了,在大连的焦裕禄多么热爱学习。可以说,焦裕禄在大连生活的两年,已经有了城市知识分子的生活趣味:写作;研究技术;和外国专家交流;为了和外国专家多交流,而学习交谊舞;等等。这些生活的细节,与后来他到兰考以后,到田间地头和农民们在一起风吹日晒的形象,简直判若两人。

然而,这的确是同一个人。

在大连起重机厂做实习车间主任的时候,焦裕禄一开始对计划科和调度科这些科室并不熟悉,甚至连车间生产的工种都不能完全识别。但是,他靠自己的小本本记下了所有他不知道的东西,没事了就跟在那些老工人后面问。渐渐地,他融入了车间里,计划科任务重的时候,他就在计划科帮忙,他先认真学习如何编制生产计划,如何节约人员和时间,如何下达这些计划命令。然后呢,调度科任务多人手少的时候,他一定会出现在调度科里,当作普通一员,跑到材料科去领零件,然后按照分配表格,一个一个地去散发。

就是这样,焦裕禄在很短的时间内,懂得了如何计算分配一个复杂多样的生产任务。

有一次,他们车间突然接到了个加班任务,根据他们的人手和设备,在规定的时间里根本完不成。但是焦裕禄看完任务后,在车间减速器工段忙活了一阵子,召集大家一起讨论。焦裕禄仔细地分解生产步骤,他将现在的机器设备数量、生产可控量,以及人员加班后的工作量进行了列举,细细地给大家一算,在规定的时间内只需要稍微加班一下,便可以完成这个紧急的任务。

所有人都被这个实习车间主任惊呆了,前些日子还嘲笑他跟在工人师傅屁股后面问东问西,这一下才看出来,原来,他熟悉各个生产步骤,是为了要全盘考虑生产计划的布置。

就在焦裕禄实习期间,车间主任有学习任务,离岗工作。而焦裕禄正式接替车间主任的工作,带领着大连起重机厂一车间的战友们,完成了一个又一个生产任务。

不仅仅是和大家伙儿一起干活,焦裕禄边干活边思考,他还写了很多专业技术文章发表。看看他写的这些文章的标题,就明白了,他可真是钻一行通一行的技术标兵。他在起重机厂的厂报上发表了《减速器工段党小组是怎样保证完成计划的》《对工段长工作方法的几点体会》《谈谈前方竞赛中的问题和意见》。焦裕禄的这些文章的发表，让他与工人们的关系又近了一步。因为，他既与工人们一起干活，又能当他们的代言人，在厂报上表达他们共同的关切。

焦裕禄那一代共产党人，把信仰当成生活的最高目标。他们是从战争中活过来的，每一个人的生命仿佛都承担着更多战友的使命。幸福了，他们小心谨慎，觉得要让当年牺牲的战友们先幸福。而苦难来了呢，又都争着上，因为他们这一代人，觉得活着都是一种幸福，吃点苦算什么。

如果用这样的角度来看待他们这一代人，那么，焦裕禄的人生轨迹便更容易理解了。让他到大连去，他高兴地去了。让他回洛阳来，他不讲条件，立即就回来了。他们的人生参照点是过往的苦难，所以，在我们当下的人看来，无私奉献啊，不计报酬啊，等等，这些人性中最为宽阔的东西，对于他们来说，只是起点，只是伴随物。他们对自己的要求，远远高于这些。

二、富有探索创新精神的洛阳矿山机器厂车间主任

1956年12月，焦裕禄学成归来，又回到了洛阳矿山机器厂。组织安排焦裕禄做矿山机器厂一金工车间主任，徐俊雅呢，被安

排到分厂做统计和收发资料工作。

刚回到洛阳的时候,焦裕禄的生活仍然是幸福的,只是工作比在大连的时候要忙碌得多,困难也多了起来。

到车间上班不久,焦裕禄便遇到了一个难题,机器从苏联运过来,但是组装机器的工人没有从苏联过来,要自己来组装。自己组装也不打紧,重要的是这个机器设备竟然没有配备安装图纸。焦裕禄想起了他在战争年代的经验,在厂子里召集了一群有技术有干劲的年轻人成立一个突击队。他们按照零部件的样子,自己绘制了图纸,在规定的时间,这一群技术工人终于将三米二立车给组装好了。然而,车床虽然装好了,很快就又出了问题,刀具的损耗率很高。这些工艺刀具的设计者是苏联专家茹拉耶包夫,洛阳矿山机器厂的工人认为刀具设计的角度有问题,焦裕禄将工人们提出的问题向厂工艺部门反映,得到的答复是:专家否认有问题,这些刀具的设计都是载入苏联的百科全书的。

然而,焦裕禄不管这些,仍然鼓励他们的技术工人对刀具进行改造。有一天,车工孟庆章告诉焦裕禄,车间里的老工人吕师傅将拉网联的刀头的角度修改了一下,这一改非常好用,原来加工一个齿圈需要耗时16个小时,现在改过刀具以后,只要10个小时就可以完成。最重要的是,改动过后,刀具的磨损也降低了。

有了这样好的效果,焦裕禄有了自信,于是自己拿着改动的刀具直接到了苏联专家茹拉耶包夫的办公室，向他说明刀具改进的意见。哪知，没有等焦裕禄说完，茹拉耶包夫就傲慢地摇着头说，根本不用改，不用改。

焦裕禄只好找到厂子里的党委书记路书记，向他如实汇报了情况，路书记支持焦裕禄的探索精神。焦裕禄建议，要在三米二立车的车床上进行一个刀具的表演，让专家们也到现场看一下，到底是改动过的好用，还是他们原来没有改的好。

说实话，这是一个小范围的国际比赛，虽然只是在一个工厂的车间里面，但是这个表演赛有着焦裕禄的野心，那就是，我们中国的技术工人也不差，我们也有自己的努力成果。

那天下午3点钟，听到消息的工人们早已经等在了三米二立车旁边，他们都为焦裕禄捏了一把汗，他们担心焦裕禄的表演失败，那样的话，这些苏联专家就会更看不上他们这些技术工人了。

当路书记陪着苏联专家茹拉耶包夫来到车床旁边时，焦裕禄示意孟庆章开始。孟庆章按动了电钮，长盘开始转动，弹簧一般的钢屑衔着蓝色的光从刀口流出来，一切都非常流畅，茹拉耶包夫看着刀具转动的速度和摩擦出的火花，很满意地露出笑脸。他从地上捡起一截碎的钢屑，对路书记说，书记先生，你看看，这么好的钢屑，为什么要改刀具呢？

路书记转向焦裕禄，让他来回答茹拉耶包夫的提问。焦裕禄也笑了，对茹拉耶包夫说，刚才您看到的表演用的是我们改进后的刀具。现在让您再看一下，您原来的刀具的效果。

在洛阳矿山机器厂焦裕禄同苏联专家在一起

说完他又向孟庆章示意了一下。

茹拉耶包夫很是惊讶,从焦裕禄手中接过了他的原装的刀头,用放大镜看了一下,确认是他们的刀具。然后递还给焦裕禄,他想知道,是不是真如焦裕禄所说的那样,他们的刀具不如技术工人们改进后的好用。

茹拉耶包夫从六把刀中选了三把给焦裕禄,让他做试验。等到孟庆章将刀具装好以后,茹拉耶包夫又亲自调整了车床转速和吃刀量,车床慢慢启动,新换上的所谓原装的刀具,一接触钢件,刀杆就颤抖起来,声音也"嗞嗞"的,很难听。孟庆章连忙将刀具退了下来。刀退下来以后,不再颤动,却切不到钢件。如此反复试验了几次,均不成功。茹拉耶包夫看着孟庆章的试验,知道自己的刀具确实有了问题。他的脸色很不好看,示意孟庆章停下操作。驻厂的苏联专家组的组长斯契夫也一直在现场,他对试验结果很不满意,指着车床对着茹拉耶包夫摇头。

茹拉耶包夫从自己的包里拿出一把万用的角尺,翻来覆去地比量了好一阵,然后指挥着孟庆章重新换上一把他的车刀,小孟刚要启动,茹拉耶包夫突然把他拉到一旁,对着工长吕玉卿说,他太年轻操作技术不好,要吕玉卿亲自操作。

于是吕玉卿开动了车床,茹拉耶包夫也登上了悬台,监督着吕玉卿操作。车床运转少顷,突然发出砰的一声响,一粒刀头擦过茹拉耶包夫的耳边飞入人群,引起一阵喧闹,工人们知道苏联专家失败了,发出一阵阵的嘲笑声。

这一次小范围的胜利,让洛阳矿山机器的厂工人们充满了自豪感。焦裕禄通过这一次现场的试验也凝聚了大家的向心力。

三、在洛阳的幸福生活

焦裕禄在大连起重机厂的实习经验告诉他,专业的技术人才对于一个工业项目非常重要。所以,他一直很重视专业技术人才。洛阳矿山机器厂的陈继光便是他看重的一个人才,毕业于大连工学院的陈继光擅长机械加工工艺,对齿轮啮合理论及其加工制造有很深的造诣。

但是，因为1957年"反右"，陈继光的家庭出身不好，被打入另册，得不到厂领导的重视和信任。

焦裕禄发现了陈继光的烦恼，立即在党总支会议上提出了自己的看法："我们国家现在这么穷，却花重金从苏联聘请数千名专家来帮助我们发展经济建设，而我们自己培养出来的知识分子呢，却放在角落里不用。这是人才的浪费。如果想要我们自己的工厂得到进一步的发展，用好我们自己的技术人员最为重要。我们应该在政治上严格要求他们，在思想上团结他们，在生活上体贴入微地照顾他们，在生产上一定要大胆地重用他们……"

焦裕禄的这些话在当下看来，合情合理，但在"反右"和浮夸风正风行的当时，这样的话说出来带有一定的风险。不仅如此，焦裕禄还强调政治与技术要分开。在殷云岭与陈新所写的《焦裕禄传》中，记载有焦裕禄说过的这样一段话："政治与技术是对立的统一。政治就是政治，与技术不能混为一谈。技术是属于生产力范畴的，它没有阶级性。我国的知识分子热爱共产党。"

焦裕禄是这样说的，也是这样做的。

接下来，他不但重用了陈继光，还在生活上关心那些从外地来到洛阳的技术人才和知识分子。有一位张姓的上海籍知识分子吃不惯河南的面食，为吃不上大米饭而发愁。焦裕禄便将自己的20斤大米送给了老张。不仅如此，张家新生了一个儿子，焦裕禄还让徐俊雅给小孩子做了几件小衣服。这种生活上的关心，在那样一个饥饿的年代让人感觉非常温暖,且非常珍贵。

焦守云在《我的父亲焦裕禄》一书中写到他们在洛矿的家庭生活:"父亲工作之余喜欢带着孩子们玩。世人都知道焦裕禄有六个子女,并且名字也为大家所知晓,其实我们的名字还有另外的故事。大姐焦守凤是新中国成立前出生的;而大哥焦国庆一听就带着浓厚的时代色彩,不用说他是在国庆节那天出生的;大家都喊我二姐以为我排行老二,其实我在家排行老三,我原名并不叫焦守云,叫焦迎建,就是迎接国家第一个五年计划的意思;我还有一个妹妹,因为她出生的时候哭得特别厉害,声音像铃铛一样,所以就叫玲玲,后来她参军嫌名字太娇气,为了紧跟时代,就给自己改名为守军,这一点她也的确做到了,最终是在部队退休的;大弟出生于1958年,正赶上大跃进,所以取名叫跃进;小弟也是在洛矿出生的,1960年的口号是保钢保粮,所以叫保钢。对父亲来说,哪个孩子他都爱,没有远近之分。他带我们看儿童剧《马兰花》,还教我们唱:马兰花马兰花,风吹雨打都不怕。勤劳的人在说话,请你马上就开花。带我们看电影《红孩子》,和我们一起唱主题曲《我们是共产主义接班人》。教育我们爱惜粮食,经常带我们唱《我是一粒米》:我是一粒米呀,长在田间里,农民伯伯种下我,多么不容易。他趁着我们的假期带我们下乡参加劳动,捡红薯、拾麦穗,然后颗粒归公。在我的记忆中,这段时光是最美好的。此后漫长的日子里,或者是深夜,或者出差途中,或者散步时,这段场景总是不由得浮现脑海。……父亲特别喜欢孩子。在洛矿母亲怀上保钢的时候,因为身体虚弱,她不想要这个孩子,准备去医院做掉。父亲不舍得,但也劝阻不住,只得陪着母亲去医院,哪知一检查,医生说我母亲贫血,不适合做手术,这下可把父亲乐坏了。他大手一挥,说,咱这就走!带着我母亲高高兴兴地回家了。"

在徐俊雅的记忆里,在大连工作生活的两年是焦裕禄最快乐的日子,因为焦裕禄的身体那时候非常健康,且工作没有在洛矿的时候累,当时的家庭生活也非常快乐。而焦守云记忆中父亲最幸福的日子在洛矿,因为那个时候,作为父亲的焦裕禄和孩子们在一起,再苦再累也不觉得,焦裕禄沉浸在被孩子们亲昵的生活里,觉得孩子们需要他来照顾,这种被家人需要的幸福感自然是任何成功或者成就都无法代替的。

而之所以能为一种公共的利益付出这么多的心血,既和焦裕禄的信仰有关系,也和焦裕禄这几年有幸福的家庭生活有关系。他从饥饿且苦难的童年里走出来,在各种挫折和磨难中选择了信仰共产主义。而他的这一选择拯救了他,让他在逐渐开蒙中找到了自己的位置。他由此热爱自己的工作岗位,他觉得只要大家都忠于自己的岗位,未来的中国一定会富强且美好。特别需要说明的是,自从和徐俊雅结婚以后,焦裕禄不但事业上顺利了许多,孩子们也一个个地惹人疼爱，他多出了为人夫和为人父的责任感。所有这些，都让焦裕禄感觉工作充实，干劲十足。焦裕禄的幸福生活，不仅仅是在大连的时光，还有在洛阳矿山机器厂工作的七八年，他一直都是幸福的，那种在工作上通过努力获得大家认可的快感，那种为了家庭生活的富足而在外面打拼的责任感，都是他幸福的证据。

第四章
专挑最困难的工作干：为什么会选焦裕禄去兰考

一、干一行钻一行：工业战线上的出色干部

1958年3月，焦裕禄所在的一金工车间承担了试制国产第一台2.5米卷扬机的任务，当时他们车间是想借着自主制造国内第一台卷扬机向五一国际劳动节献礼，所以，工期只有一个多月的时间。

这是"大跃进"开始的年份，如此短的工期，现在想来并不符合生产规律。可是，当时年轻力壮的焦裕禄就是要挑战一下自

己。他吃住在车间,在车间的一条长凳上躺了五十多个夜晚,终于在五一节前夕试制成功。

洛阳矿山机器厂的厂史中有关于焦裕禄的工作情况介绍:"三年时间完成了2米以上的大型提升机460台,为我国矿山采掘提供了提升矿石、煤炭的能力,解决了当时矿山的急需。为了实现高产,在组织生产提升机方面采取三项措施:1.组织产品批量生产,缩短生产周期。之后,生产调度科科长焦裕禄同志进一步发展,将不同型号提升机同类零件和各种型号桥式起重机通用零件,组织一起生产,工效成倍提高。2.大型提升机减速器机盖,法兰盘(关键件)一模多铸,效率提高2—3倍。3.节假日不休息,延长工作时间。"

在制造2.5米卷扬机期间,焦裕禄在这张长板凳上睡了五十多天

1959年春天,焦裕禄调任生产调度科科长。正是"大跃进"时期的中国,工业基础还很薄弱,焦裕禄所在的洛阳矿山机器厂承担了很重要的生产任务。该如何调度,如何安排生产顺序,才能让工人们既高效又不费工呢?这是焦裕禄要面临的问题。

他刚上任调度科科长不久,便接到了包头钢铁厂的一个超大订单,包头钢铁厂要在洛矿订购一台焙烧窑。这件产品总重量达600吨,其中有个大齿轮直径为6米,重20多吨。零件大,技术复杂,又要得很急,领导把这个任务交给了一金工车间。本来这个车间已经负荷过重,又没有加工特大零件的滚齿机。当调度员向焦裕禄汇报了这个情况后,焦裕禄发现下面有畏难情绪,就说:"我们厂的条件已经够好了,咱不挑重担让谁挑?咱不干难活让谁干?咱们多干些难活儿,国家就不作难了。"为了克服生产中的困难,他把这项产品的全部图纸搬进了办公室,一张一张地审查,一连好几天,天天工作到深夜,饿了,啃个干馍;困了,用自来水冲冲头。与此同时,他还找继任的车间主任和他熟悉的那些工人商量了加工办法,安排了生产进度。加工期间,他每天到现场检查两三次。对大齿轮抓得特别紧,没有大滚齿机,就在镗上加工。终于,克服了重重困难,按时完成了任务。

一个任务完成了,一个新的任务就又会到来。刚刚完成包钢的生产订单,又来了农村防汛用的大型的启闭机。这个启闭机重45吨,而接到生产任务的二车间,在加工启闭机大涡轮减速器的时候有技术难题解决不了。

调度员将车间里打的推迟交货时间的报告给焦裕禄的时候，发现焦裕禄趴在自己的桌子上睡着了。他太累了，已经和工人们连续奋斗很多个昼夜了。

调度员将报告悄悄地放在他桌子上走了，焦裕禄醒来看到报告，立即召集车间的工人和主任开会，要求无论如何不能推迟。因为农村的汛期马上就要到来，往后推迟，农村的防汛工作就有很多潜在的危险。

就是这样，焦裕禄又一次开始深夜和工人们一起加班。有一天加班，因为找不到车子运送急用的零件，焦裕禄和工人们一起抬着零件往车间送。这次他没有扛过去，晕倒在车间里。

工人们把他送到厂医院，医生诊断为体力透支，疲劳过度，必须进行理疗。医生给他脖子上扎了几根银针，让他稍事休息。这个时候医院里来了急诊。焦裕禄知道是发生了安全事故，也起床看伤员的伤势，后来他完全忘记自己也是个病人，跟着工人来到了车间里，帮着安全部门分析事故原因，并提了很多建议。

等他走出车间，遇到厂党委书记路书记，一边走一边和路书记汇报他们部门的工作重点，临分手的时候，路书记让他停一下，问他脖子上的三根针是怎么回事。他这才想起来，他是从医院出来的。

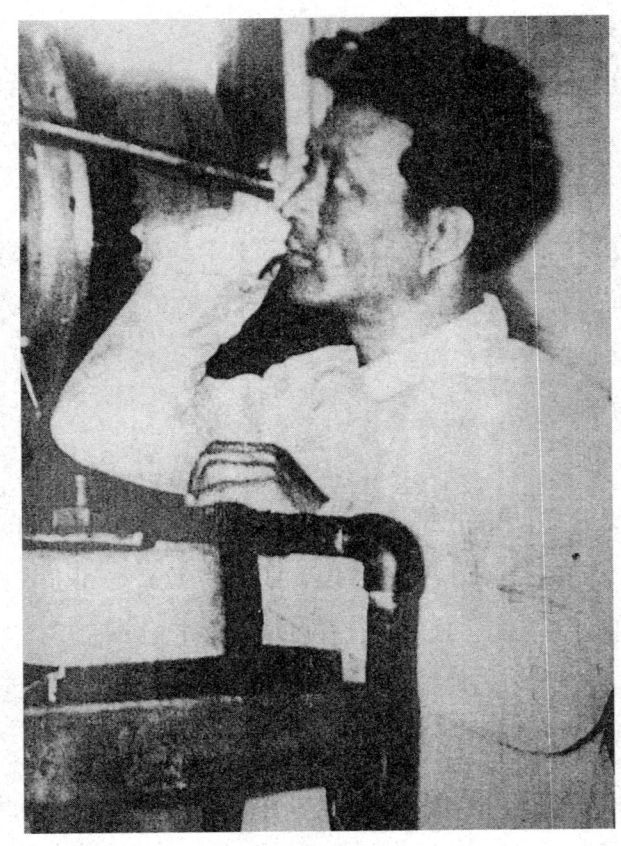

焦裕禄在车间检修设备

关于焦裕禄第一次在洛矿医院住院的情形,焦守云在《我的父亲焦裕禄》中也有描述:

> 在医院治疗的那段时间里,还发生了很多故事。他偷偷地从医院里溜出来,到各个车间和同志们一起谈论工作;后

来是同志们到他住院的病房里来商量工作；再后来是厂党委切断了他的电话，禁止除他的亲属以外的任何人进入他的病房。可是有一天，在病房里经常听到车间里锻锤的声音没有了，父亲就怀疑是不是出什么问题了。他跑到医院办公室打电话到厂里问怎么回事，接电话的是调度科主持工作的老刘。因为有厂党委的指示：在焦裕禄同志住院治疗期间，不准用工作问题打扰他。所以老刘告诉父亲一切正常，请他放心。父亲怀疑有问题，就说：你不要骗我，是不是5吨锻锤出了什么问题？老刘心里犯了嘀咕，心想刚刚发生的事情，怎么就传到焦科长的耳朵里去了？事已至此，只好坦言相告，说自己刚接到齿轮箱的轴扭断一根的报告。老刘纳闷地问他何以得知，他半开玩笑地说：哈哈，我有顺风耳，我在医院听出来的。就这样，父亲拖着带病的身躯，仍然时刻牵挂着他所从事的工作。

焦守云的这一段回忆将焦裕禄干一行爱一行钻一行的形象生动地描述出来。长时间在车间里，焦裕禄本能地关注着每一台机器运行时的声音，即使在病床上，他的心也和那些机器有着共鸣，一旦哪一台机器不运转了，他都能第一时间感觉到出什么问题了。这是多么专注的精神啊。也正是因为焦裕禄全身心地扑到工作上，他为自己赢来了党的信任。

1962年6月，焦裕禄被调回尉氏县工作，他的介绍信上写道：

"焦裕禄同志任中共尉氏县委副书记,名列薛德华同志之前。"

关于这一段,当时任尉氏县委书记的夏凤鸣曾写过一段回忆文字:"我看了介绍信,感到不解其意,县委书记是我,薛德华是第二书记兼县长,可介绍信却是这样写的:焦裕禄同志任中共尉氏县委副书记,名列薛德华同志之前。上级从未有过这样的安排呀,我心里默默想到:副书记怎能排在第二书记之前呢?一时摸不着头脑,便安排焦裕禄到办公室休息,自己打电话请示地委,问明情况。地委明确答复:对焦裕禄同志这样的安排是合适的。以后县委只设一个书记,其余都是副书记。"

二、尉氏女婿又回来了

焦裕禄在尉氏工作过,又娶了尉氏人的女儿,所以,调动他到尉氏工作的确也考虑到了他的身体,可以得到徐俊雅更好的照顾。

焦裕禄到尉氏县工作不久,县委书记夏凤鸣病休,所有的事情都要县委副书记焦裕禄和县长薛德华一起商量。

有一天,薛德华和焦裕禄聊天,说:"现在,农村实行过了公社化、食堂化,大办水利,大办钢铁,征购透底,年年运动。自然灾害又大,群众吃不上饭,我在尉氏工作了这么长时间,没有做好工作啊……你来了,我们一起努力吧。"

焦裕禄也有同感,他安慰薛德华说:"农村工作的困难,不是某个县的问题,是一个普遍问题。一是政策问题,二是干部问题。有些政策不利于生产建设,年年搞运动,整干部,挫伤了基层干部的积极性,许多人不愿意干了。还有一些政策,不与农村实际结合,动不动就大办,让群众负担太重。如果想农村工作搞上去,非得提高群众和干部的积极性不可。"

两个人的观点不谋而合,他们早些年就熟悉,现在更加信任对方。

焦裕禄虽然在尉氏只工作了半年时间,但是他做了许多求真、纠错且为干部和群众服务的事情。

焦裕禄去世后,有一个叫陈莲清的人写过一篇回忆录。当时的陈莲清是尉氏县的团县委副书记,而她的爱人侯文升因为1958年被错划为"右派",当时正在西华农场劳动改造。她的文章的名字叫作《难得爱心如焦公》,有这样的段落:

> 1962年,焦裕禄调回尉氏任副书记的消息传来,我即写信转告了我的爱人,正在西华农场劳动教养的侯文升。文升在1958年被划为"右派",老领导回县工作,我很想去看他,但不能那样做:侯文升和我还身处逆境之中。然而,焦书记却并没有忘记我们,一天,一位公社领导告诉我:县里发了一批布票,是为获得平反的同志解决困难的,焦书记交代要给你一些。于是给了30尺布票。我当时十分感动,30尺布票

事小,却体现了人心的温暖。又过了几天,他请人带了口信,让我去县里一趟。见到了焦书记,让我坐下后他说,听说你有好几个孩子,穿衣一定困难,布票给你了吧?接着又说,小侯(侯文升)给我来信了,管教干部告诉他,送他去教养的档案丢失了,解决不了摘帽问题,我找你来商量这事如何办。我当时很激动,把闷在心里平时不敢说的话都倒了出来。讲了1958年反右的经过及强加在侯文升头上的罪名,认为那不符合共产党的实事求是的精神。焦书记听罢,显得思想上很沉重,缓缓地说,关于这方面的事情,我回来以后也听说了一些。我想,小侯参加工作以来一帆风顺,傲气是会有的,至于反党……他说到此摇了摇头,接着说这是政策问题,目前上级对1958年上半年所划的"右派",精神是基本上都要摘帽子的。今后中央还会有政策,等等看吧。最后他安排我到西华农场去一趟,请农场组织上给尉氏县委来一封信,写明三个问题:一、侯文升档案丢失情况;二、侯在农场劳动教养的表现;三、组织上的处理意见。并告诉我:有这封公函我好提到会议上讨论。焦书记对解决这一问题的方法、途径、考虑和安排合情合理,这件事情我永远不会忘记。在焦书记实事求是的公正处理下,我们这个被政治风浪冲破四年之久的家,终于又得到了团聚……

这篇回忆文字非常生动地将一个动荡岁月中有情有义的焦

裕禄的形象刻摹了出来。正是因为涉及写作者的丈夫,所以,作者的这些回忆是最为直接的证据。在那样一个人心不稳,生怕不小心和右派分子扯上关系的年代,焦裕禄帮助一个右派的家属,又给右派在合乎规定的基础上出具了证明,终于让他们洗脱了罪名,并全家团聚。虽然这只是一个个例,但是所呈现的是焦裕禄的良知。而在那样一个人人自保的特殊年代,他的这份良知更加让人珍惜。

三、解决乡村纠纷

除了解决干部的问题,焦裕禄在尉氏的短短半年里,还解决了一场关涉尉氏县、鄢陵县和扶沟县三县交界处的农村土地纠纷,让一场一触即发的械斗化解于他的努力协调中。

事情的经过大体是这样的:在尉氏县、鄢陵县和扶沟县三县交界的贾鲁河滩上,有一片枝繁叶茂的林地。1962年秋收时节,这片林地分别划分给三县的靳村、马庄和小岗杨村。这三个村庄长年累月存在着多占对方林地的想法,今年你在我的地头多种几棵树,明年,另外的村庄拔掉,再种他们的树种。

矛盾冲突爆发后,三个村庄的村民先是小范围争吵,后来大规模争执,最后三方约定要举行一场约战。

焦裕禄大概知道一点这块地上的情况,因为他曾经在彭店区工作过,而尉氏的靳村恰好属于他的管辖范围。焦裕禄专门又到了靳村来了解情况,他和村里的很多人都认识,他一来,群众很欢喜,将前因后果给他说清楚了。

原来,靳村人所说的贾鲁河滩上的1500亩荒地,一直是黄沙区,寸草不生的。后来公社里组织靳村的村民用了多年的时间治理,在沙滩上植树造林,先种灌木柳,再种杨柳,后来又套种了庄稼。这些地慢慢地有了收成。

这1000多亩地本来并不属于靳村所有,靳村只有三分之一,但因为一直荒着,鄢陵的马庄和扶沟的小岗杨村根本没有打算开荒种地。所以,刚开始靳村植树造林的时候,那两个村庄不但不问,还来看笑话,认为他们是白费力气。

谁想到靳村的努力有了结果,眼看着那林地越长越好,沙地变成了绿洲。收益逐年增加,那两个村庄自然眼红了。他们要收回属于他们的土地。

两个村庄要拿回属于他们的土地,靳村呢,认为他们是不劳而获,不想让他们占这个天大的便宜。该怎么办呢?

焦裕禄思来想去,还是要做靳村村民的思想工作。如果化解这个矛盾,最好的方法,就是让靳村的人民发扬风格,吃点亏。

于是焦裕禄就召集靳村的村民开会,给他们讲了一下现在鄢陵县马庄村和扶沟县的小岗杨村为什么这么贫穷的原因。一是当年的历史原因。二是因为抗日战争期间蒋介石将黄河扒开了一个口子,将这两个村庄的地全都淹了,所以他们这么多年来一直没有翻身。

天下的穷人是一家,现在靳村的土地收益好了,但也不能从此就不顾其他人民的死活。都是受苦受难的老百姓,如果我们好过了,不管对方的死活,那和我们推翻的地主恶霸还有区别吗?

焦裕禄耐心地做通了靳村村民的思想工作。最后靳村发扬了共产主义风格,将贾鲁河滩区近700亩林地无偿地分给了马庄和小岗杨村。

一场争斗以阶级情和共同富裕的名义给化解了,焦裕禄做群众思想工作的能力也得到了极大的锻炼。

四、"所有的腐败都是由特权造成的"

在尉氏工作期间,焦裕禄下乡检查工作是要到村民家里吃饭的,这叫作吃"派饭",摊派到某一户农家吃饭,不过,公家要掏一份饭钱。有一次检查庄头区于家村,村干部给焦裕禄端上了白面馒头,还有萝卜、白菜粉条等丰盛的炒菜。村干部解释说,这饭菜是给机耕队的工人们准备的,书记碰巧遇上了,一起吃。焦裕禄不吃,说机耕队的人可以吃,他不能吃。村支书对焦裕禄说,下次一定从简。可是焦裕禄坚决不吃,对村支书说:"下乡工作一定要和你们一起吃饭,这样才方便交流。如果吃特殊饭,或者借着检查工作的机会下来大吃大喝,区社干部这么多,都来大吃大喝,会影响党在群众中的威信。生活困难时期还没有过去,群众都吃不饱肚子,干部只能做艰苦奋斗的榜样。"

焦裕禄擅长从现象看到问题的本质,虽然只是一次下乡检查工作的巧遇,焦裕禄很快就知道,原来机耕队的这些同志下去干活派头大着呢,要求也高得很。这些人干活要看村子里的人招待得好不好,招待得好了呢,就干得认真;招待得不够好,或者他们的要求没有满足,他们就会在干活的时候耍特权。

焦守云在《我的父亲焦裕禄》中专门写到这一个细节:

> 有一次,父亲了解到县机耕队工作作风有很大的问题,有些机耕队员吃拿卡要,到村上作业,要求有酒有肉,有茶有烟,稍有怠慢,不是甩地头儿,就是拉浅犁沟,或者干脆说机器坏了,停工睡大觉。那个年代的拖拉机还是稀罕物,所以滋长了一些人的特权意识。父亲看了一个机耕队的作业现场,非常生气。他召集相关领导和工作人员来开现场会。他当时在耕作现场看到的是一块14亩的地,而机器耕作时闪出的地边地头儿就有四亩半。会议一开始,父亲就掏出一个小本子,大声念起来:好饭好菜,拖拉机跑得快;有酒有肉,犁得深,犁得透;无菜无酒,犁不到头就走;没茶没烟,犁不到边就颠。大家听了以后都觉得好笑,父亲却严肃地批评了这些机耕队员。他表示这些都是群众对机耕队的评价。全县有五六个机耕队,几十个人,这影响可不小。机耕队一到,扯旗

放炮,村干部都四处抓鸡牵羊,借精米白面。拖拉机还是稀罕物件,所以开拖拉机的也把自己当成了不起的人。可是,拖拉机的主人是谁啊?是人民。所有的腐败都是由特权造成的。他的这段话对机耕队员和领导的震动很大。当晚,全县机耕队的机车全部出动,田野里到处是灯光,到处是机车的轰鸣。机车手自带干粮,把所有留过边角的地面,加班复耕,又向招待过他们的生产队补交了饭费。

焦裕禄做群众工作的能力,就是在这样复杂而生动的事例中给我们呈现了出来。本来只是到村子里吃一顿派饭,结果,村支书端上来的白面馒头和炒菜便暴露了机耕队的特权问题。发现问题后呢,焦裕禄并不直接处罚或者是坐视不问,而是找到问题出现的症结所在,现场办公解决问题。这样,既让大家认识到了错误,也没有将机耕队和农民之间的关系弄僵。

这就是领导能力。

或者是焦裕禄能吃苦的精神感动了所有和他接触过的人,或者是他处理乡村纠纷的能力让领导们有所耳闻,反正焦裕禄在尉氏只干了不到一年的县委副书记,又来了一纸调令,上级决定派他到开封市最穷的兰考县做县委书记。

当时开封地委书记张申愁于找不到合适的人选到兰考做县委书记。三年大灾难已经过去了,别的县都开始生产自救了,可是兰考县外出逃荒的人成千上万,到处都是兰考的"大爷"。这让开封地委感觉很失职。张申在找到焦裕禄之前,已经找了好几个后备干部,可是,大家一听说要去兰考,都不愿意去,想尽一切办法拒绝。

只有焦裕禄,一听张申说"兰考是全地区最苦的一个县,最穷的一个县,最困难的一个县"时,焦裕禄骨子里的某种理想主义的东西又一次翻腾出来。他一口答应,对张申说:"感谢党把我派到最困难的地方。越是困难越磨炼人,请地委放心,不改变兰考的面貌,我就不离开那里。"

第五章

心里装着全体兰考人民：焦裕禄在兰考的470天

一、去兰考，看看那里的风沙到底有多重

开封地委书记找焦裕禄谈话，想调他担任兰考县委书记的时候，说了一句话："兰考是全地区最苦的一个县，最穷的一个县，最困难的一个县。"

张申在找焦裕禄之前，已经找过其他年轻的干部，结果有人推托，有人请假。焦裕禄曾经因为肝病住院疗养，这个时候，找焦裕禄到兰考去吃别人都不敢吃的苦头，以焦裕禄的身体状况来

说,他显然并不是最合适的人选。然而,焦裕禄又是最合适的人选,因为他是一个能吃苦、有担当的人,是一个可以和基层的干部群众打成一片的人。在工作能力上,他或许是最合适的人选。

兰考县当时是一种什么样的穷和苦呢?无数有关焦裕禄的传记作品均记录了这些数字:"刚刚经历了三年灾害的兰考,当时全县的水利工程基本被毁坏一空,干旱时庄稼绝收,风沙打死了214339亩麦田,秋天大雨因为没有排水设施,内涝又淹死了203769亩玉米。全县差不多有10万亩禾苗被盐碱地碱死,全年的粮食总产量仅有5000万斤,比解放前还要低。全县9个区中,7个区严重受灾。有灾社队1524个,灾民193192人。缺粮1320万斤,缺草1802万斤,缺煤7130吨,缺衣缺布31万尺,缺房18000间。土地荒芜,人口外流,兰考呈现了人穷灾大的贫穷凄凉景况。36万人民身处绝望之中,盼望着有人能指出一条解决温饱的道路。"

这些数字均是在焦裕禄逝世后,新闻报道中屡次出现的统计数字。而事实上,兰考的灾情比这些数字反映的情况可能更严重。

兰考县原本是由兰阳、仪封和考城三个县合并而成。最早的历史记载是一个历史传说:相传黄帝蚩尤曾途经县境,黄帝的儿子青阳氏死后埋葬在青陵岗,即今本县红庙镇青龙岗村。东周春秋时期,春秋五霸首霸齐桓公在葵丘会盟诸侯,即为盟葵丘强齐称霸,其中葵丘即在今兰考县境内。清代,兰阳、仪封二县合并,称兰仪,以二县首字为名。因讳皇帝溥仪之"仪"字,改兰仪为兰封。1954年,兰封、考城二县合并,称兰考县,又以二县首字为名。

因为黄河故道在兰考镜内,兰考历史上多水患,查《嘉靖兰阳志》可知:"每逢夏秋,城郭漂没,民鲜定居。"

兰考县志记录:黄河大决于境内17次,小泛无数。嘉靖元年(1522年),开封府设管河衙门于县城内,其治河多是河逼则筑堤,河徙则废。自咸丰五年,河北徙多为废堤。县志可考者13处,纵横断连50多处,皆历代河防要地。

兰考的民间,曾经传唱的歌谣中能听出兰考现实生活的苦难:"冬春风沙狂,夏秋水汪汪,一年劳动半年糠,交租纳税恨官堂,扶老携幼去逃荒,卖了儿和女,饿死爹和娘。"

1962年年底,焦裕禄抵达了兰考县城。

焦守云在《我的父亲焦裕禄》中摘录了兰考县委宣传部工作人员侯永胜对蔡生茂的采访,还原了1962年焦裕禄到兰考县委组织部报到的情景。

1962年12月6日,夜幕即将降临的兰考寒风凛冽,城北沙丘上扬的流沙顺风而走,弥漫空中,沙砾摩擦出的响声遮住了城里傍晚的喧闹。

县委组织部办公室里,里屋的炉火烧得正旺,蓝色的火苗忽左忽右,驱走了房间里的一些寒气。赵文选、李运祥两位同志正围坐在炉火旁吃饭,外屋的办公桌旁,组织干事蔡生茂刚刚端起饭碗。

"咚,咚……"

敲门声处,一位头戴火车头帽,身穿黑色棉大衣,手提一个小布兜的同志进到屋里,朝着蔡生茂走来。

以为是外调的干部办理手续,蔡生茂并没有起身,而是按照豫东人的习惯,打了声招呼。

"有啥事?过来吧!你吃过饭了没有?在这里吃吧。"

"你吃吧!"那位同志说。

站定后,他从提兜里拿出一份介绍信,递了过去。

蔡生茂推开饭碗,拿起介绍信细看,上写:"焦裕禄同志去你县任第二书记,请接洽,中共开封地委组织部。"

"您是焦裕禄同志?"

"我是焦裕禄。"

"坐吧,坐吧。"

简单问过情况,蔡生茂赶紧招呼焦裕禄坐下,随后边喊李运祥的名字,边走进里屋。

李运祥看了介绍信后问:"应该怎么办?"

李运祥是组织部长秘书,想了一下说:"你去给赵玉岭部长汇报吧。"

蔡生茂倒了杯热水,端给焦裕禄,就去了县委餐厅。

正在吃饭的县委组织部部长赵玉岭听了汇报,又仔细看了看介绍信,不解地说:"地委怎么也没有给咱打个招呼?"

放下饭碗,赵玉岭就和蔡生茂一起来到了组织部办公室。

"焦裕禄同志,欢迎您!"

寒暄之后,赵玉岭就陪着焦裕禄去了餐厅。因为兰考县的条件有限,焦裕禄又是突然来报到,在赵玉岭陪同焦裕禄吃饭的同时,他安排组织部办公室值班的三位同志去收拾县委的接待室,给焦裕禄准备住处。

据年近九旬的蔡生茂介绍,县委接待室平时用于到县委开展工作的同志临时居住,里面有七八张床。他们先把多余的床摞起来,用两张床拼在一起,铺好了被褥,准备了一个煤炉,焦裕禄当晚就住在那里了。

"事实上,在焦书记的家属搬到县委之前,他就一直住在那里。"蔡生茂说。

焦裕禄到兰考的时间是12月6日,很多传记作品中均写到焦裕禄到兰考的当天便参加了正在召开的三级干部会议。包括由周长安、赵永祥和吴玉青整理编辑的《焦裕禄在兰考的470天》一书,也是这样写的:"12月6日。焦裕禄到兰考县委报到。当日,他参加了县委正在召开的三级干部会。讨论中,他逐区听发言,询问了解各区、各队的情况。晚上,焦裕禄修改会议总结报告。他在关于领导问题上,增加了五点意见:1.通过社会主义教育运动,使基层干部和广大群众认清形势,明确方向、道路,提高爱国主义、社会主义思想和阶级觉悟;2.从生产入手(受灾队从生产救灾入手),解决生产生活上的突出问题;3.通过三大纪律八项注意的优良传统教育,进一步提高干部思想水平,改进干部作风;4.认真贯彻60条;5.通过总结经验,进行评比表彰,认真表彰先进单位、劳动模范和五好党员、团员、民兵、社员,树立起办好集体经济,搞好农业生产和各项工作的旗帜。"

而上面兰考县蔡生茂的回忆则证实,焦裕禄是当天晚上才到组织部报到的。所以说,其参加三级干部会议的内容以及做的修改意见应该是在12月7日。

焦裕禄到兰考的时间是1962年底,而1959年至1961年是全国最为著名的三年困难时期。如果我们阅读过这一段的历史资料,就可以看出,这场由自然灾害引发的大饥荒,也有着人祸的因素。历史不忍细看,焦裕禄到达兰考以后,第一件事情,便是用脚步一步步地测量了兰考县的受灾情况,他要亲眼看一看,这个他将要掌管的县城,穷到了什么地步;他要仔细看一看,自己身上的担子,到底有多重。

1958年之前,兰考虽不富裕,但是田野里绿草青青,庄稼连续多年是有收成的。"大跃进"首先发动了大炼钢铁运动,这是一件极不符合生产规律的事情。大量的树被砍伐,用来烧火炼钢铁,结果可想而知,愚昧必然会受到惩罚。没有了树,首先风沙大了起来;其次,灾荒又造成了老百姓疯狂地挖野菜吃,田野里所有绿色的东西全被拔得干干净净,灾难就是在这个时候到来的。

而在灾荒多难的兰考,党员干部们的作风是什么样子的呢?在我们一贯的想象中,那个年代的领导干部都应该是全心全意为人民服务的,焦裕禄不过是千千万万领导干部中的一个。

事实却并非如此。

创作了多部与焦裕禄相关作品的作家任彦芳是唯一一个在焦裕禄生前便和焦裕禄见过面的作家,他的继父孟昭芝当时在兰考县委做副书记,和焦裕禄是同事。而他在1963年冬天回兰考看望母亲的时候,见过焦裕禄本人,且从和母亲的对话中了解了焦裕禄的一些情况。

在任彦芳著作《我眼中的焦裕禄——1965—1966年采访手记》一书中,任彦芳曾有这样的段落,通过母亲的叙述来描述焦裕禄与前任县委书记的对比:

> 我看完两个文件,在一边沉思。这时妈妈过来和我说话。我说:这位焦书记可是个细心的人哪。

妈妈说:"他可是细心。他太操心了,操着兰考百姓的心,他还操着妈妈工作的心呢。"

妈妈坐在我身边,对我细说她的心里话。

"焦裕禄和那个人不是一路。"妈妈用下巴扬了一下我家北边,那儿曾住过的邻居是原来的县委一把手。焦裕禄来兰考时,是第二书记。妈妈对那个书记不提名字,而叫那人。"那个书记,只想他个人的家,不想兰考老百姓。这几年多困难,可他家什么都不缺。听说,他在下边还让人家给了他一块自留地,让农民给他种,收了东西都给他,这不是跟旧社会地主一样吗?他吃的菜都是下边的人给送,吃的喝的都是好的,好烟好酒。这还是共产党员吗?真给共产党丢人哪。妈妈是个普通党员,可我看不上这不像党员的领导。他下乡光去丰收的好地方,他还在自行车的后面绑上个椅子,这样他好拿好要啊。我跟老孟说,可他让我别管,依妈妈的脾气,早就向组织反映了。老孟说我不了解情况。我要说,就说我亲眼见到的事。可焦裕禄和他不是一路人哪,这是个真共产党员,他让妈妈赞成。"

"我还跟你说一件事。那人的老婆,也是个党员,可她和妈妈心思正相反哪。她是有工作不干,只想自己家;我是想工作,没有人给工作呀。你听听人们怎么说她的吧,暗地里管她叫第二组织部长。人家找她男人谈工作,男人不在,她说,你们有事跟我说一样,我说给你们书记听。我们住邻居,我也不理她，自己过自家的日子呗。可她闲的，找事。有一天，她叫喊，说她的白菜少了，说她家的煤少了。这个院里，有几家？她还不是冲着我叫喊的吗？我生气，跟老孟说，他说不要理她。他不同意我向组织反映她。后来她还叫喊，说有人偷了她家的东西，我不能一忍再忍，我见到焦裕禄从下面回来了，便和焦裕禄说了。他可是负责任的人，他说，他要说说这事。果然，他在县的一个会上公开说了。他说同在县委大院，不要做影响团结的事，不要说影响团结的话，不能没有根据地说谁，这样不好。焦裕禄这样做，让我觉得这个县委书记真是负责任哪。"

任彦芳通过母亲的口评价了焦裕禄以及兰考的前任县委书记，同时也说明了，即使是在最为苦难的年代，并不是每一个共产党员每一个领导干部都像焦裕禄一样那么乐于奉献，那么有自己的政治信仰和理想。

二、到兰考制定的第一个规章制度是针对干部的特权思想

那么焦裕禄到了兰考以后，他究竟做了哪些具体的事情，我们可以梳理一下。

12月6日报到以后，12月7日，焦裕禄便参加了兰考的三级干部会议。12月8日，焦裕禄和县委办公室的工作人员张思义一

起到城关区的多个村庄去走访。12月9日,他继续在城关区的村庄走访,并在老韩陵村认识了村子里的老饲养员萧位芬。

作家何香久在《焦裕禄传》中是这样写萧位芬与焦裕禄的谈话内容的:"萧位芬老人看出焦裕禄是个实在人,打开了话匣子,把自己几十年来在风沙中积累的经验都倒出来了。他告诉焦裕禄,老韩陵的沙土适合种泡桐。泡桐挡风压沙,还能卖钱。另外,村里牲口太少,五十亩地才合一头牲口。要发展生产,必须多养牲口。还进一步出主意,不光是老韩陵,兰考的沙地都适合种花生,花生秧子可以喂牲口,多种花生,牲畜也就发展起来了。如果能够给饲养员一些奖励,牲口的发展就会更快。"

接下来的很多天,焦裕禄一直在老韩陵村附近做调查研究,针对老韩陵的牲口缺草料等现状,焦裕禄还动员了群众用三天的时间打扫垫糠400多车,收草63000多斤,将原来牲畜轮流喂养的规矩也改了,改为固定到户,承包喂养。他还同公社的同志一起统计各个村庄的受灾户和困难户,制定下一步的重要工作和计划。

1962年12月17日,焦裕禄到达兰考的第11天,他起草了《关于城关区韩陵公社进行巩固集体经济发展农业生产第一步工作情况的报告》。在这份报告里,焦裕禄分析了韩陵公社的生产现状和自然条件,提出了工作思路和方法:大力种植花生和泡桐。

从1962年12月中旬到12月底,焦裕禄几乎跑遍了临近县城几个公社的村庄。在城关区的韩村,秋季内涝严重,庄稼全部被淹死。村里面每一个人只分了12两高粱穗。村庄的大多数人都开始外出讨饭。焦裕禄召集了村干部和公社干部开会,发现干部们都没有主见,没有一个主张是生产自救的。他在会上提出来:再多的方法也都是临时抱佛脚,如果想要彻底解决问题,就要生产自救,要有积极的想法,要真正行动起来。人都有两只手,只要能不停地劳动,能活活被饿死吗?

韩村大队的村干部被焦裕禄的讲话精神鼓舞,号召大家集体劳动了五天,仅割干草一项就收入了1400元钱,他们拿着卖草的钱买了一些过冬的粮食,不再伸手向国家要救济。

不但鼓励基层干部和群众在灾难面前不畏惧,要生产自救,焦裕禄还对干部的作风进行了整治。1963年1月1日,焦裕禄收到了群众的来信,信里反映城关区盆窑公社个别干部的作风问题。焦裕禄根据举报,实地去调查,发现公社干部不按劳分配,利用自己的职务,多吃多占。他自己起草了一份通报,标题十分让群众振奋:《看盆窑公社部分党员干部的思想作风恶劣到何种程度》。焦裕禄的通报标题,向群众传递出来一个非常明确的信号,那就是,现在上任的这个人,他是和群众一条心了。他自己不多吃多占老百姓的利益,也不允许其他干部多吃多占老百姓的利益。

这个通报,给焦裕禄的下一步群众思想工作打通了道路,所有的老百姓都渐渐通过焦裕禄做的一些事情、讲的一些话,知道了他,信任了他。

焦裕禄到了兰考以后,很快就发现了一些问题。比如1963年1月3日这一天,12岁的儿子焦国庆因为看戏回家晚了。焦裕禄就问他,你又没有钱,怎么去看的戏?焦国庆就说,看门的老肖问我是谁,我就说我爸是焦裕禄,他就让我进去了。焦裕禄很生气,认为焦国庆这是在看白戏,他批评了儿子,说:"你小小年纪可不能养成占便宜的习惯,看'白戏'是剥削别人的劳动果实。"焦裕禄从兜里掏出两角钱,让焦国庆第二天一早把戏票钱补给戏院。

焦裕禄这样做并不是小题大做,而是有他的具体目的。2016年11月9日,我去兰考北关刘俊生老师家里采访时,他说了当时兰考县戏院和县委大院的事情。刘俊生说:"焦书记到兰考来之前,县里有个书记喜欢看戏,看戏呢,还要坐好位置,戏院的第三排中间的位置就老是给他留着。他看戏还不是一个人看,有时候老婆孩子一起看。戏院里第三排他如果去了,就给他坐,他如果下乡了,那第三排就空着。有时候,他要去看戏,去得晚了,戏班子就等着他来。他不来不开戏。下面买票的群众就会有意见,有意见也不行,谁让县委书记爱看戏呢。因为原来的县委书记老是坐在第三排,所以慢慢看戏的群众知道了,就说这个书记是排长。排长不来不开戏,慢慢大家也就习惯了。等一会儿呗。结果,有时候其他领导家的亲戚也想看戏呢,慢慢地,为了让县委大院里的人看戏方便,就直接在戏院和县委大院那里打了一个门。焦裕禄到兰考的时候,这个门已经打通了很长时间了,而他家的焦国庆就是通过这个门进入的戏院。焦裕禄擅长从一件具体的事情着手,来出台所有类似事情的解决方法。所以,从焦国庆看白戏这件事情入手,焦裕禄制定出了一个针对县委大院所有干部及其亲属的规章制度。"

三、领导干部"十不准"

1963年春节前夕,焦裕禄起草了一份《关于鼓足干劲,搞好生产,勤俭过春节,防止浪费的通知》。这份通知强调,兰考是灾区,面临着许多困难,过节必须坚持勤俭节约。通知主要针对的是全县的领导干部,要求共产党员和领导干部及其亲属做到"十不准"。

> 不准用国家或集体的粮款大吃大喝,请客送礼。
> 不准参加封建迷信活动。
> 不准赌博。
> 不准挥霍浪费粮食,用粮食做酒做糖。
> 不准用集体粮款或向社员摊派粮款演戏、演电影。谁看戏谁拿钱,谁吃饭谁拿钱。
> 业余剧团只能在本乡、本队演出,不准借春节演出为名,大买道具,铺张浪费。

各机关、学校、企业单位的党员干部都要以身作则，勤俭过年，一律不准请客送礼，不准拿国家物资到生产队换取农副产品，不准用公款组织晚会，不准送戏票。礼堂十排以前的票不能只卖给国家干部，要按先后顺序卖票。一律不许到商业部门要特殊照顾。

不准利用职权到生产队或其他部门索取物资。

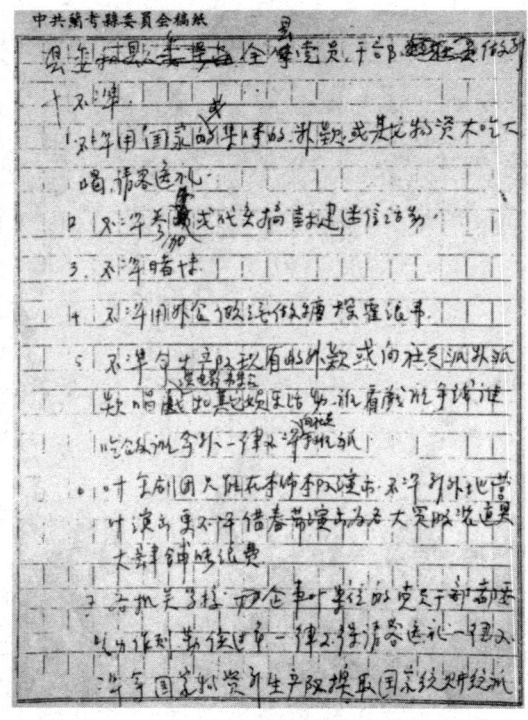

焦裕禄亲自起草干部"十不准"

积极搞好集体副业生产,增加收入,改善生活,不准弃农经商,不准投机倒把。

不准借春节之机,大办喜事,祝寿吃喜,大放鞭炮,挥霍浪费。

还是在1963年春节前夕,焦裕禄建议将县委大院里的"劝阻办公室"的牌子给摘了。这个办公室是兰考特殊时期的产物,看名字便知道,这是干部们为了让老百姓不外出讨饭而设立的一个部门。这个办公室不仅仅是县委里有,在各个区和各个公社都下设分支机构。在焦裕禄看来,如此大动干戈地来劝阻陷入生活困境的老百姓外出,不如有组织地领着他们外出,或者有组织地领着他们在家里进行生产自救。

关于摘不摘"劝阻办"牌子,县委还开了专题会议来讨论。

何香久在《焦裕禄传》中写道:"围绕撤销劝阻办的问题,县委开了常委会,大家争论得十分激烈。县委副书记张钦礼认为劝阻办这块牌子摘得对。眼下兰考的灾害很严重,把人劝回来吃什么?救济粮只能救急,兰考更大的问题恰好是贫困。人都是长腿的,他要想从穷窝里走出去,谁也留不住。也有人把这股外流风视为阶级斗争新动向。焦裕禄一针见血地指出,对群众外流,堵不是办法,得疏导。他还提出了疏导的具体办法,那就是有组织地集体外流,组织外流人员到外地去挖煤、修路、搞建筑,或者是干其他活儿,这样既可以减轻国家负担,又可以增加社员收入,一举两得,是生产自救的一个新途径。他特别强调,对集体外流要加强领导,统筹兼顾,还建议抽出一名常委来专门负责这个事情。于是地委新派来的县长程世平便自告奋勇地当了这个叫花子头。"

摘掉了"劝阻办"这个牌子以后,焦裕禄马上成立了除"三害"办公室。1963年2月10日,焦裕禄在县委扩大会议上强调:"从现在起,要拿出7至10天的时间安排群众生活,稳定群众情绪,要把救济款发至群众手里。"会议以后,焦裕禄亲自组织了80名干部到各个公社去做救灾工作,焦裕禄也分配到了张君墓区。

2月14日,焦裕禄到张君墓区检查生产救灾情况,详细统计了受灾情况。张君墓区是全县三个重灾区之一,共有19个公社,5万人口,13.3万亩耕地。因为张君墓已经连续三年受灾,所以调查的结果很是沉重:全区共有缺粮生产队287个,缺粮户5729户,缺粮涉及人口24291人,缺粮食765692斤。除去口粮以外,还缺粮食种118700斤,缺牲口饲料43500斤,缺饲草320万斤,缺烧柴220万斤。除去已经拨给的救济粮和贷款外,资金缺口至少在50万元。

只要真正地在下面奔跑,不可能不了解民情。在张君墓,焦裕禄很快便发现了问题。在张君墓王大瓢村,焦裕禄发现有几户人家的房顶上都晒着剥好的牛皮,就问是怎么一回事。一问大吃一惊,原来是生产队里的牛,没有吃的,饿死了,肉被分吃了,皮只好分给了饲养员。

这个村庄有大量的人外流到外地去讨饭。然而,上面拨下来的救济款呢,却被村干部们给分了。焦裕禄非常恼火,立即对多吃多占的干部进行查处,将分给他们的粮食和救济款再次进行分配。

四、分包试验,让每一棵树都有主人

1963年3月初的一天,焦裕禄路过城关公社的朱庄村南地,看到白茫茫一片沙荒地。他当时就想,如果这里种上一片泡桐树,几年就能成材。于是焦裕禄就叫朱庄的村干部给他找一把铁锹,他要挖几锹土看看土质。挖了几下以后,发现土质可以,就亲手栽了一棵小泡桐树苗。然后,焦裕禄就召集朱庄村的两个生产队的干部一起开会,给他们规划了一下下一步的植树造林计划。而焦裕禄亲手栽下的这一棵树现在已经长成了参天大树。

3月3日,焦裕禄来到朱庄旁边的孙庄和余寨。在余寨村的枣园里,到处可以看到被砍伐的树茬。村干部说,这个枣园子里原来有18000多棵枣树,可是因为这是公家的树,管理不严的时候,村里的人就偷偷来砍伐,现在只剩下两千棵树了。焦裕禄问他们有什么好的办法,村干部说,最好是承包给个人,这样就没有人来偷了。

焦裕禄觉得可行,就在余寨村的第五生产队搞包管试点。经

过焦裕禄的提议,他们的承包方法是:

  每人包管一把粗的枣树 6 棵。两把粗的枣树一棵顶两棵,三把粗的枣树一棵顶 3 棵,依此类推。一把以下的两棵树顶一棵,幼树在包区的由管理者负责。

  生产队与包管户签订合同,内容是:管理的标准是,现在的树棵量和空地上可以栽种的量要加在一起,将来栽活一棵,奖励干枣一斤。

  估产包收,秋后干枣 60% 归生产队,40% 归承包人。

  奖惩办法:采取全奖全罚,超产部分归自己。实收低于估产者,属于人为造成的,按估产上交;如果是天灾造成的,按实产上交 60%。

  包管的枣树,如果被砍伐,用个人自留地种枣树赔偿。

三天后的全县植树造林大会上,焦裕禄便将余寨村的包树到户的方法在全县进行了推广。

五、在下大雨时出门才能看得清水流的方向

1963 年 5 月 18 日夜里大雨。焦裕禄趁着大雨到街上看看县城里的水是不是能排出去,淹没淹民房。然后第二天一早,焦裕禄召开县委常委会。焦裕禄开会的主要思想就是,自然条件最恶

焦裕禄在他亲手种下的泡桐下留影

劣的时候,也是老百姓家里受灾最严重的时候,这个时候,不论你是县委书记还是村干部,都不应该躲在办公室里避雨,一定要出现在村庄里,要看一下那些房子漏雨的人家需要什么。

开完会,他便从县委机关抽调了一批干部,带着救济物资,在大雨中分别到以往受灾最严重的地区。焦裕禄负责的小组一行是往火车站南边的城关公社的田庄、金营、杜河庄和梁孙庄。大雨连续下了七天七夜,焦裕禄便带着全县的领导干部在大雨中出访了七天七夜。这次大雨又造成了一批房屋被大雨淋毁的人家外出讨饭。

内涝内涝,总要知道大雨时水是往哪儿流的,才能确定下一步在哪里挖沟挖河来疏通。所以,雨越是下得大,他就越顺着大水走。他和县委办公室的三个人相互扶持着往城关区的几个村子里走,每一个人手里面拿着一根长长的棍子。不止他们四个人,焦裕禄已经下令除"三害"办公室抽调的75位干部都和他们一样,拿着棍子正在大雨中探路呢。

他们哪里水流急往哪里走,哪里水深往哪里跳。他们一边走路一边还要记笔记,绘图。

就是在这样连绵的大雨中,焦裕禄和三位同志走到金营村,村支书李广志看到焦裕禄从天而降,望着天上的大雨吃惊地问他:"这么大的雨您是咋来的啊?"焦裕禄晃了晃手中的高粱秆说:"我们是坐着这条船来的。"

1963年5月20日，大雨依旧。焦裕禄带着几位同事走到城关公社柳林、王孙庄等大队，他顺着水流的方向察看，发现桂李寨的地势高，水流不过去，然后，紧挨着桂李寨的六个大队便有了积水。于是焦裕禄现场指挥作业，要求城关公社书记带着人从桂李寨挖一条排水沟，将积在六个村庄的水通过排水沟排出去。

正是因为焦裕禄大雨中的走访及排查，桂李寨的水沟挖通了，六个村庄里已经种好了庄稼的2500亩地没有被淹。

大雨就是命令，灾难就是通知书。这是焦裕禄给基层干部传递出来的信号，他这样做了，下面的干部的劲头便也带了出来。

这场七天七夜的大雨所造成的灾害远远超过焦裕禄步行所察看的情况，所以，焦裕禄要求全县的党员干部都动起来，天气一晴好，立即下乡，给受灾严重的家庭发救济粮食，房子被大雨冲倒的，要迅速帮助修复起来。他坚信，如果群众在受到自然灾害的第一时间，干部们出现了，群众是不会逃离自己的家乡的。

尤其是从外地调来的粮食和衣物到达兰考以后，不论时间有多晚，焦裕禄都要求，立即分配，尽量不隔夜地送到老百姓的手里面。

灾难面前有温暖，那么，政府才能有威信，也才能有动员能力。只有将所有的工作都做好了，才有资格劝那些要外出逃荒的人留下来，和他们大干一场除"三害"。

焦裕禄来到兰考半年不到的时间,他已经品尝了春天的风沙和初夏的大雨,接下来,还有干旱和盐碱。

六、不能让兰考县被瓜分了

焦守云在《我的父亲焦裕禄》中写到1963年的兰考还面临一次被四个临近县瓜分的可能。当时兰考的灾情十分严重,大批外出乞讨的兰考人像是一封封的加急电报,很快省委便得知了消息。1963年7月上旬,省委派出了第二书记何伟带着离兰考较近的开封、杞县、民权和山东省东明县四个县的县委书记来兰考调研。

焦守云在书里写道:

> 在会上,何伟书记先是铺垫:兰考是一个贫困县,千百年来风沙、盐碱、内涝把兰考折腾得民不聊生,百姓苦不堪言。解放十几年了面貌没发生什么大的变化。当前灾情又那么严重,应该怎么办?他点我父亲的名字,说你要有思想准备。然后何伟书记就交了底,他说:"今天把兰考周边四个县的一把手请过来,是想给你们增加点负担,省里想把兰考一分为四,你们每个县四分之一,这样兰考的问题就会好些。"兰考县的领导一下傻眼了。何伟书记表态以后,其他四个县的县委书记也纷纷表态:愿意接受兰考,请组织放心。父亲和县

长张钦礼商量了一下,就明确表态,坚决不同意瓜分兰考。他们认为历史上的兰考一直是合并的趋势,这些年兰考出现的灾情是各种因素造成的,不是兰考人民不勤劳,不是兰考人民没本事。张钦礼表示:"给我们三五年时间,改变不了兰考的面貌,达不到这个目标,不劳省委给我们分配工作,我们自动辞职,解甲归田。"最后父亲表态:"三年不改变兰考面貌是宽限,力争提前,不达目的,死不瞑目。"这样说了之后,他身边的开封县委书记周锡禄开玩笑说:"老焦呀,老张呀,我不是拔你俩的气门芯,三年时间要摘掉兰考这个老灾县的帽子,累不死,也得脱三层皮。"父亲和县长当即站了起来,情绪激昂地说:"我们宁愿累死,脱三层皮,也不愿意将困难转给兄弟县。"

正是在这样的压力下,焦裕禄成立了除"三害"领导小组。而早在1963年5月份开始,焦裕禄已经成立了一个"三害"调查组,开始长达40多天的风沙、盐碱和内涝的灾况统计调查。

1963年5月8日,焦裕禄到仪封公社的岱庄、水口、马庄、汤坟等几个村庄调查"三害"的情况,发现汤坟村春季种的高粱40亩差不多被风沙打死完了,有十多亩地棉花只出了十几棵苗,三个生产队种的240亩小麦,也基本被风沙打死,或者被盐碱碱死了。他将这个情况让"三害"调查组登记造册,然后按人头补发生活救济。

接着,他又到张君墓公社调查,看到的情况和仪封一样。盐碱地如果不改善土质,种上庄稼也只能是浪费种子。所以,焦裕禄让生产队的人记着,领了种子,盐碱地先不要补种。他和除"三害"小组要想出来改善碱地的方法。

从5月到7月,焦裕禄跟着除"三害"小组在全县范围调查统计,得出了下面的统计资料:

城关公社有大风口12处,危害耕地达3万多亩,其中绝收的土地有15700亩,受灾减产的有14358亩,减产的受损失的粮食产量初步估算在300万斤。这个公社的胡集大队1962年种的冬小麦2400亩几乎全被风沙打死。

三义寨公社有大风口8处,危害耕地达2.5万多亩,其中绝收的土地10944亩,受灾减产的土地14346亩,大约减产粮食350万斤。最严重的孟角大队9500亩地有一半绝收。金寨村两个生产队共276人,140亩冬小麦打死了122亩,剩余的地产量不高,只收了80斤小麦,如果平均分了,每一个人只能四两小麦。

爪营公社有风口20处,危害耕地3万多亩,其中绝收土地1.5万亩,受灾减产土地1.58万亩,约减产粮食300万斤。

经过几个月的奔波,焦裕禄等人在兰考县境内跋涉了1000多里,走遍了全县每一个风口和荒地,最后统计出了兰考"三害"的数量,如下:

全县共有沙荒地24万亩,其中国有荒地8.6万亩,集体荒地

15.4万亩。分布于三义寨公社、城关公社、爪营公社、堌阳公社、南丈公社、小宋公社、张君墓公社、红庙公社、仪封公社。

全县共有沙丘261个，沙丘群63处，沙龙17条，占地18755亩，最高的沙丘达9.9米。

全县共有大风口86处，危害耕地达30万亩，其中绝收土地面积总计有12万亩，严重减产的土地面积有18万亩，约减产粮食3000万斤。

这种数字统计出来以后，除"三害"小组陷入很绝望的气氛里。一边是自然生态的破坏现状；一边呢，县救灾办又报来了6月至7月份兰考县外出乞讨人员的数量，达到了1.2万人，而且还有继续上涨的趋势。

虽然省委第二书记何伟在兰考调研的时候给了兰考县拨专项救济款40万元，可是，这些钱对于一个受灾深重的兰考来说，只能是救急之用，长远下去，仍然无法满足。

除"三害"小组成立以后，焦裕禄经常召集那些有着斗风沙经验的老农开会，让他们出主意。

在张庄村的一个沙丘考察的时候，焦裕禄无意中发现了一个坟头上封着一层厚厚的胶泥，胶泥像一块布一样，压住了坟头下面的黄沙，风再吹，坟头也不会垮掉。

焦裕禄找到了坟头的亲人，张庄村的魏铎彬。原来，魏铎彬很孝顺，可是，他们村风沙太大，母亲的坟头无论如何堆，堆多高，风一吹,就将沙土卷走了,魏铎彬试了各种方法,都斗不过大风。他是一个孝子,不能让自己母亲的坟头被风给铲平了。他就是抱着这样朴素的念头,在地里挖了一个大坑,挖得深了,便挖出了水,挖出了胶泥。这种胶泥有黏性,即使风干后也不会沙化,可以防风固沙。

焦裕禄觉得魏铎彬的这一发现对整个兰考县的风沙治理管用。他一个人用一早上的时间便可以挖出一个坟头的胶泥,那么,有风口的村庄便可以动员更多的人,去挖胶泥,先将村头的沙丘固定住,种上树,种上草,等树和草都活了,又能挡风稳沙,岂不是就治好了风沙?

焦裕禄还带着工作组的成员,在城关公社、堌阳公社以及仪封公社的很多大队找到了一些有治理风沙和盐碱地经验的老农民问计。座谈会以后,焦裕禄又有了很多收获。统计以后,他们现在给全县建议治碱的方法已经有 5 种:

排涝治碱,利用暴雨冲洗,然后将盐碱水排到河沟里,但不能流到别人的地里,这个方法既简单又省力省工。只是这种方法只适合夏季有大雨的季节才能应用。

深翻压碱,盖沙压碱。这个办法收效很好,但是需要动员很多人力,只能在农闲的时候,或者集中很多个村庄的力量一起协调劳动才能有成效。

刮碱、起碱,冲沟躲碱巧种。这是多种苗的好办法。意思是把地里的盐碱刮到一个沟里,一沟碱来一沟种苗,这个宜于大面积推广。

深耕细作,多施有机肥料。这是综合治理、改良土壤的好办法。但是这适合牲畜多的村庄。兰考因为受灾严重,牲畜严重不足,只能是备用方案。

种秆状耐碱作物,如大麦、青谷、扫帚苗、大麻籽、田青、棉花等,在碱地里种这些能抵抗盐碱的作物收成会好些。

七、哪个村子干得好,就把干部带到哪个村子里学习

焦裕禄喜欢现场办公,哪个大队做得好,他就会叫上附近公社里所有的大队干部到这个大队来现场参观;学习好了,马上动身回去干。他有一个信念:只要干起来,动起来,困难就会越来越小。

1963年12月底,焦裕禄在张君墓的赵垛楼村主持召开治理风沙现场会。全县8个沙区公社的党委书记、社长和54个沙区大队的党支部书记全部出席会议。在会上,由赵垛楼大队的支书介绍了他们治理风沙的情况。本来赵垛楼大队受风沙危害的田地有3580亩,占他们耕地总面积的47%。可是最近半年来,在村干部的带领下,将村子里所有的大的沙丘全用胶泥压住了。在压沙的过程中,赵垛楼村又总结出了许多实用的好经验。

比如很大的沙丘,就要先用胶泥压住,然后沙丘不再滚动了,才有可能种上树。如果是连片的沙丘堆,村民们会在沙丘地带挖

上一个深深的防风沟,或者直接在地面上垛一个防风墙,这样大风来的时候,有墙挡着,这面的沙土便不会滚动。然后再利用翻土压沙的办法继续固沙种树。

固沙是为了植树造林,最终使得一片片沙地成为绿洲。所以,焦裕禄将张庄村魏铎彬给母亲封坟头的固沙方法叫作"贴上膏药再扎针"。而赵垛楼是第一个实践这个方法的村庄。他号召到场的 54 个村支部书记,回到村里面便动员大家照方抓药,治理他们自己村的沙区。

排查完"三害"的风口沙地以及因大雨内涝淹毁的庄稼和房屋,焦裕禄和除"三害"小组的工作人员便开会商议,是时候出台

兰考人民治理盐碱

一些规定,要把除"三害"工作当成一项长远的工作任务来抓了。

他让除"三害"小组起草了一个《关于治沙、治碱、治水三五年的初步设想》。他自己呢,也一字一字地参与了讨论和制定。

这个草案1963年7月下旬在县委会上进行了讨论和审查。

"初步设想"将他们调查的结果先公布于众:"兰考县历年来的自然灾害是风沙、盐碱和内涝。兰考在一般年景中都有20万到40万亩庄稼受灾,有10万到20万亩庄稼有劳无获。有20万群众因灾缺粮,每年国家供应粮食不下2000万斤,群体生活依然困难。眼下还有一万多人谋生在外地。我县有36万勤劳的人民,110万亩可耕作土地,最适宜种植小麦、大豆、高粱、玉米、谷子、花生、红薯、棉花等农作物。在河滩洼地适宜种植芦苇、蒲草。河岸、堤旁以及沙碱地均可造林、晒盐、熬碱,并盛产泡桐、杞柳,出口国外,换取外汇。但是,近几年来,每年收获都养活不了自己。要彻底改变兰考的面貌,必须治沙、治碱、治水,这是发展我县农业生产的根本出路,是广大人民的迫切要求,也是我们义不容辞的光荣任务。"

交代了现状,明确了想法和任务之后,这份"初步设想"里也提出了具体的治沙、治碱和治水的方法。焦裕禄强调了在治理风沙、盐碱和内涝地块上,要认真编号,要知道每一块要治理的土地造成现状的历史原因以及彻底的解决方案。

方案中有这样的内容:

一、治沙。治沙的主要办法是造林,造农田防护林,乔灌结合林,四面围攻盖顶林,经济林,农桐间作林。争取在三年内恢复到 1958 年以前的林区面积,五年以后起防风固沙作用。先堵风口,后治一般。有点有面,点面结合。缺片补片,缺行补行,缺株补株。

二、治碱。治碱是一项复杂而细致的工作,因为碱的程度、性质、深浅、自然条件不同,必须认真总结运用当地群众行之有效的治碱经验,试验性地接受外地的科学技术经验指导。疏通渠道,减少积水,开沟澄水,降低地下水位。多施有机肥料,深耕、伏耕、晒墒,都是治理次生碱的好办法。在方法上,应该是先治次生碱,后治老窝碱。

三、治水。治水主要是治理内涝。最适宜以小弄为主、群众自办为主、整理配套产为主的三主治水方针。坚持舍少救多,舍坏救好,充分协商,互为有利不使水灾搬家的原则。

"初步设想"报给了地委和省委之后,焦裕禄立即让县委办公室铅印了 1500 份,要求全县党支部书记以上的干部每人都要有一份。

经过全县各个灾区的摸排和调查,焦裕禄做好打持久战的准备。然而,除"三害"办公室的工作还在进行。他呢,马不停蹄地又背上行李和大家一起下乡了。

1963年11月19日至30日,焦裕禄组织了除"三害"办公室和县农业局、科委以及各公社机关站的工作人员64人,对全县碱地面积、分布情况、地下水位进行全方位的丈量和摸底调查。这次历时12天的普查,焦裕禄几乎成为一个农业专家了。他有时候会捏一把土尝一下味道,从味道里他可以判断出来,这块地是盐地、硝地,还是马尿碱地。最后他们普查的结果是:全县共有盐碱地262699亩,占耕地面积90万亩的29.2%。其中老盐碱地有146841亩,近年里因为内涝新增的盐碱地多达115858亩,分布于全县的9个公社一个镇,共有1532个生产队。

为了更简单地处理碱地,焦裕禄让工作人员把这些盐碱地分成牛皮碱、马尿碱、瓦碱、卤碱、白不齿、其他碱等六大类进行统计,并绘制出全县的分布图。

在宣传治碱和排查碱地的过程中,焦裕禄发现一个村庄的典型便会立即宣传这个村庄的治理方法。

在三义寨公社的侯寨大队检查"三害"情况时,焦裕禄发现侯寨大队组织人员已经挖好了田间地头的排水沟。侯寨村的支部书记和队长们研究了他们村的地形,根据实际情况挖了排水沟,但是挖出来的淤泥并没有堆在河岸边上,而是将这些淤泥一车车地拉到盐碱滩地上。这样,既排了地里的水,也改造了荒着的盐碱滩,可谓一举两得。这种主动思考、对症下药的干法让焦裕禄很感动。除了在会议上表扬他们大队的积极主动,焦裕禄还进行了物质奖励,给侯寨大队奖励了一批架子车和铁锹。这可是村子里最需要的硬家伙,得到这些奖励,那里的村民们干劲更大了。

八、孩子只要有一口气在,就要去治疗

1963年的兰考大雨天气很多,5月份下了七天七夜,8月份又下了八天。焦裕禄又一次在大雨的时候出发,沿着大水流动的方向一个村庄一个村庄地查访。他发誓要将兰考内涝的地图给做出来。

这一次他走到了南漳公社的最东部,他顺着吴河沟和武新庄的沟,一直沿着雨水流向走到山东曹县的魏湾公社,发现在南漳与魏湾交界的地方,积水最严重。原来沿着河堤到曹县的几处泄洪口被山东曹县的人给堵上了。他们下游也常常发大水,没有地方排涝。为此,南漳公社几个村庄的村民都商量好了,要和山东曹县的人打一架,来解决向下游泄洪的问题。

焦裕禄提议派代表到山东曹县去沟通协调一下,要想一个长久行得通的办法才好。当时的曹县属于山东,而山东属于华东局;兰考属于河南,属于中南局。虽然离得近,但是在大的区域划分上却完全属于不同的行政系统。所以,有人觉得这事可能会比较麻烦。

然而,焦裕禄不信这个,他说,不论菏泽专署还是开封专署,不论华东局还是中南局,都是社会主义的局,都是党领导下的兄

弟县。

经过焦裕禄的沟通,曹县县委派人到兰考境内实地查看后,同意兰考南漳公社的几片积水通过曹县的闸口泄出去。不久后,焦裕禄又申请水利部协调两个县召开了一个治水联席会,两县在水利部的总协调下,顺利达成了排水协议,建立了一个长久有效的机制。这一下,才算是根除了南漳公社东部乡村的历史遗留问题。

张继焦现任兰考县焦裕禄纪念馆的副馆长,他和焦裕禄的缘分很多个版本的焦裕禄传记中均写到了。2016年11月22日,我去张继焦扶贫所驻的村庄——兰考县许河乡赵楼村采访,他又一

疏浚河道,排水防涝

次向我说起了他和焦裕禄的故事。

他本名张徐州,因为出生在逃荒的路上,降生在徐州郊外的一户农家。那个时候,刚生完孩子的产妇,是不能进到别人家里的,主人家都怕带来晦气。因为听说家乡开始治理"三害",父亲张传德带着他又回到了村子里:红庙公社葡萄架大队。

一岁的时候,张徐州得了一场怪病,营养不良又加受了风寒,时热时冷。家里穷得很,也没有钱看病。他父亲张传德就想着,这孩子命不好,生得不是地方,这又得了重病,也没有钱看病,还是扔了吧。那年头穷人家未成年的孩子夭折了,是不置办棺材的,一般都是放进一个筐子里,直接扔到村子外面的沟里。

张传德要去扔孩子,张徐州的母亲不舍得,抱着孩子哭。正在这个时候,焦裕禄带着除"三害"调查组的人进到了他们家,看看他们受灾的情况。看到母亲抱着孩子哭,焦裕禄便察觉有些不对,他想亲热地抱一下孩子,可是孩子母亲不给他,还继续哭。

焦裕禄问孩子的父亲张传德,孩子的母亲怎么了,为什么哭个不停?

张徐州的母亲就答话了,说,孩子快要断气了。

焦裕禄问孩子得的是什么病。

张徐州的母亲说不清楚病情,只知道孩子发烧了几天以后,现在身体变凉了,已经快没有气了。

焦裕禄说，孩子病得这么严重，你们还在愣着干什么，去看病啊。

张传德在一旁蹲着，这个时候站起来，说，孩子不行了，快没有气了，只能扔了。

焦裕禄一听吃了一惊，要扔了？他赶快摸了一下孩子的鼻息，还有气。他大声说，孩子明明还有气，怎么能扔掉呢？

张传德也跑过来摸了一下张徐州的鼻子，果真还有气，一下子，张传德也哭了。说到底，那时候，他们家里还是穷，别说看病了，吃饭都成问题。所以，张传德哭的不是孩子还活着，而是这病该拿什么去看。

焦裕禄二话没说，撕了一张纸给人民医院的院长高芳轩写了一封信，让他务必治好这个一岁孩子的病。他让张传德拿着他写的纸条赶快送张徐州去看病。然后焦裕禄又说，我再到公社里给院长打一个电话，让医院里的医生等着你们。

张传德拿着焦裕禄写的信，带着孩子的衣服便和老婆一起推着张徐州上路了。家里没有架子车，只有一辆独轮车。已经入冬了，天有点冷。两口子走一会儿，就掀开衣服看看张徐州，他们担心走到半路上孩子就死了。孩子如果没有气了，拉到兰考也没用啊。张徐州命大，父亲就那样一路上推着他，一直走到了县医院，孩子仍有气在，两口子觉得是焦裕禄书记护佑了他们。

到了医院，张传德发现医生们已经在等着他们了。

第二天,焦裕禄还专门到医院去看望了张徐州,张徐州已经好转了。在医院里住了二十天以后,张徐州还吃胖了。

医生对张传德说,小孩子的病很严重,再晚来一天,张徐州的性命可能就保不住了。

事后张传德逢人便说,他儿子的命是焦裕禄书记救的。

半年多以后,焦裕禄因病逝世。张传德专门将自己孩子的名字改为张继焦,为了纪念焦裕禄对他的救命之恩。

九、只有自己比别人多吃苦,别人才会信服你

焦裕禄在他所处的时代是一个情商很高的人。他是一个外地来就职的干部,究竟该如何建立威信,让当地的干部和群众都信任他呢?他首先做的便是,凡事自己要做在前面,他要比别人能吃苦。是啊,这一点效果非常好,但凡大雨或者大风的时候,他第一时间冲出来,跑到各个受灾的村庄里。

比别人能吃苦,这有利于他建立自己的威信。除此之外,焦裕禄还善于学习,他的一生从当上民兵有了自己的自由开始,其实就是不停地学习的一生。当了兰考县委书记,照理说,不就是在办公室里开开会,研究一下方法和方案,让下面的人去干不就好了?焦裕禄偏不,他要以身作则,他自己吃土,要尝一尝盐碱的味道和类型。他和所有人一起干农活,挖河沟,他要把自己放在那个时代里,他做到了这一点。所以,焦裕禄很快便在底层的民

众里有了好的口碑。

这一点非常重要。那是一个信息并不发达的时代,如何让老百姓听你的呢?你要有威信,而焦裕禄深深地懂得如何在老百姓中建立自己的威信。

建立起良好的威信之后,也就有了媒体或者老百姓之间的口口宣传。焦裕禄善于树榜样。在那样一个物质贫乏的时代,人只要稍微一松懈,精神便会和物质的贫困一样,会垮掉。所以,焦裕禄深知,如果物质上的资助不能及时地给大家,那么,树立一个好的榜样,用精神上的鼓励来刺激民众,是一个既节约又有效的管理方式。

所以,他很快便树立起了兰考县的四面红旗。

焦裕禄首先树立起来的一面红旗是"韩村精神"。城关公社的韩村位于陇海铁路的南侧,内涝、风沙和盐碱"三害"都集中在这个村庄。1962年秋天,韩村遭遇了连续多年的涝灾,按照当年的收成,全村每人只能分到一斤二两高粱穗。许多人家都外出讨饭去了,全体村民不知道出路在哪里。

焦裕禄刚刚到达兰考,第一站便是去了韩村和周围的几个村庄。在韩村,焦裕禄被村庄里的贫穷教育了。沙荒地里,除了秋天已经泛黄的荒草还是荒草,连一棵像样的树都没有,地上全是盐碱。村里的人说,春天的风一吹,人都看不见人,大白天也得点着灯做饭。

焦裕禄带着村干部在全村转了一圈说，村里人要动员起来干活，一切都有可能。现在开始动手治理盐碱和风沙也不晚。他指着荒地上的茅草，说，这些干草，如果割了卖钱，就可以换来食品，还可以买架子车和农具。

农民们不干，村干部带头先干了，只用了五六天的时间，韩村人便割草数万斤，卖了1400元钱，这些钱换来了工具和粮食。群众一看干部们领着大家赚了钱，也开始干了起来。整个冬天，韩村将碱地上的茅草全割了个干净。不仅如此，他们用换来的农具挖了沟，种了树，为下一步治理盐碱地做了铺垫。

1963年春天，韩村村民用淤土压沙的方法治理了村子外的3亩地大小的沙丘，还在140亩盐碱地上挖了9条排水沟，并在沙荒地上种了50亩防风固沙的泡桐树。

到了秋天大雨过后，9条排水沟果然起了作用，没有挖排水沟的低洼地上的庄稼全被淹死了，而9条排水沟地里的大豆依然活得壮实。焦裕禄听说了以后立即去看韩村的防内涝成功的土地，他高兴地指着大豆地说，以后像这样的沟，要多挖几条，一定要将那些低洼的土地也彻底治理好。

1963年，韩村村民不但没再伸手向国家要救济，而且还提前归还了国家的贷款1000多元，并添置了架子车和4头牲口。

焦裕禄将韩村人这种自己动手丰衣足食的精神命名为"韩村精神"，在全县干部大会上推广，并给予了物质上的奖励。

焦裕禄在兰考树立的第二个典型是"秦寨的决心"。焦裕禄第一次到秦寨村的时候是盛夏，极热。在秦寨村外一个超大的盐碱窝里，只见成群的农民正在用铁锹翻地，挖很深的一个坑，才能将胶泥和泥浆翻出来。这样的劳动效率非常低，而且那么热的天；最重要的是，这是一个高耗体力的活，而当时，秦寨村的粮食不够吃，老百姓正闹饥荒。

焦裕禄有些不理解，问他们为什么用这么笨的方法治理这么大块的盐碱地。

村干部们就告诉焦裕禄，村子里的地大都是这样的盐碱地，因为碱太大了，种不成庄稼，去年的收成，一亩地只见30斤粮食，这样下去不是个办法，秦寨村不能长久地吃国家的救济粮，即使是这样的笨办法，也要一块地一块地翻下去，一定要将好的泥土翻上来，将盐碱地压下去。

村里的人都吃不饱，一开始的时候，大多数人也不愿意干，村干部们就分头给村民做思想工作：虽然这是个笨办法，但是，翻一块地就收一块地，这样一直不停地翻下去，迟早有一天，会将整个秦寨村的盐碱地全部深翻一遍的，到那个时候，就一劳永逸了。还别说，村干部给老百姓画了一个美好的蓝图，村民们便被鼓动了。

焦裕禄听了秦寨村干部的说法，很受感动。他对秦寨的干部说，你们这是愚公移山的决心啊，也是蚕吃桑叶的办法。县委大力地支持你们。

　　焦裕禄立即命令县供销社特批给秦寨村一批铁锹和劈铲,这可是那个时候最稀缺的劳动工具。一批劳动工具送到村里以后,村里人的干劲更足了。焦裕禄还专门要求秦寨村的干部们一定保护好老百姓的积极性,不能让他们因为干活而受伤了,要劳逸

焦裕禄下乡和群众同吃同住同劳动

结合,要分好工,搭配干部。

于是在县委三级干部会议上,"秦寨的决心"便成了焦裕禄树立的一面红旗。

焦裕禄树立的第三个典型是"赵垛楼的干劲"。

赵垛楼村属于葡萄架大队,因为位于一个低洼的区域,只要一下大雨,整个村庄和所属的土地就积水。从1958年"大跃进"开始,一直到1963年,连年遭灾,地里基本上荒了,绝收。一年三灾,春天风沙,夏天暴雨,秋天呢,盐碱又出来肆虐。所以,赵垛楼村是一个靠吃国家救济粮外加逃荒要饭的村庄。这就是他们村的现实。焦裕禄在1963年夏天的一场暴雨中到达了赵垛楼村,他要亲自掂一掂"三害"的分量,首先要绘出"三害"的地图。所以,焦裕禄和除"三害"办公室的同志们一起,一个村庄一个村庄地查访。

到达赵垛楼以后,焦裕禄在雨中查看了这个村庄的洼地,领着村支书赵培德看他们正在水里淹着的大豆苗,说,老赵,你看看这是多好的豆子,都长得齐腰深了,如果淹死了,多可惜啊。

赵培德说,往南挖沟的话,南边的地也会被淹掉。焦裕禄指着南面整个开阔地说,挖一条沟可能会将地淹了,挖很多条沟,不但不会淹地,还可能让南边的地以后永远也不会被淹了。

焦裕禄给他们指了方向,赵培德开始在村里召开动员会。他们村整个都在洼地区域,如果想要通过挖沟排水,那一定比任何一个村庄挖的沟都要长,出的力也要多。所以,赵培德在会上讲了很多好处。看着淹在水里的庄稼,老百姓们被鼓动起来了。是啊,救活这些豆子,明年就有吃的,就不用吃国家的救济粮啊,为什么不试一下?

在村支书的带领下,赵垛楼村在洼地里共挖沟 475 条,在一些长年存水的低洼田地里,还建成了 320 亩水田用来种水稻和莲藕。

连挖 475 条沟,比别的村多出几倍的人力,这种干劲被焦裕禄拿到全县来表扬,赵垛楼在这种荣誉的感召下,又在来年的春天,一口气用深挖深翻的办法治理好了全村 26 个大沙包,将风沙也压在了他们村的干劲下。

焦裕禄树立的第四面红旗是双杨树村。

双杨树村属于红庙公社,离县城不算太远,但是因为"大跃进"和风沙盐碱,村里的收成也不好。人吃不饱饭,牲口自然也养不活。1963 年,村里的地没有办法耕种了,因为牲口饿死了。

地没有办法犁,最关键的是,种子也没有了,连续几年绝收,家家户户都将留作种子的粮食吃了。村里面接不上粮食的人家都已经外出逃荒了。

村支书召集大家来开会,说是要对钱买牲口和种子,地要种上,明年才有盼头。党员们先带头,大家就将自己家里仅有的积蓄都交到了村支书的手上,一下自筹了 1800 多元钱。有了钱以后,双杨树村便去买了7头牲口、1500斤麦种,劳动工具各家拼凑。于是在这样饥饿和贫穷的年代,双杨树村硬是没有伸手向县委县政府要钱,每一户人家都为集体做了贡献,这种精神让焦裕禄很是感动。

焦裕禄总结了他们的精神是一心为公的精神,是同舟共济的精神,是一种在困难时期共同出力渡过难关的精神。这种精神一定要有一个强有力的领导班子,才能凝聚得成。所以,焦裕禄给双杨树村的做法起名字叫"双杨树的道路"。

十、讲话稿的每一个字都来自他自己看到问到的情况

焦裕禄虽然只在兰考工作了470天,可是他的工作是用脚一步一步走出来的。他关注的是细碎而具体的村庄、饥饿、大雨和疾病。他和农民一起吃饭,一起干活,一起睡。他是将自己种在了兰考,然后生长了470天。如果不是这样,他的身体应该不会恶化,甚至会健康地在兰考生活很多年。

然而现实就是如此残酷,他面对的现实是兰考的困境,是大批流民逃荒,是干部人心涣散,所有的所有,都需要他忘记自己是一个病人。是的,他如果想要改变兰考的面貌,正如省委第二书记何伟考察兰考时开封县委书记周锡禄提醒他的,可能要脱三层皮。焦裕禄做好了脱五层皮的准备。

作家任彦芳在《我眼中的焦裕禄——1965—1966年采访手记》一书中引用过一篇焦裕禄讲话的原文,是1963年冬天他回到兰考看望母亲,在继父孟昭芝家里看到的。从这篇电话会议讲话稿里,可以看出焦裕禄对工作的投入程度。

我录在这里:

焦裕禄同志在公社书记电话会议上的讲话
（1963年12月25日）

今天电话会主要是说一说社员生活安排和副业方面的一些意见。

前两天下去看了一下,开了一些座谈会,了解了一下当前统销情况。现在下边一般抓得比较紧,但是,还有些问题需要再给大家说一下。

当前粮食统销和副业生产,总的看来要抓紧抓细,正当外出人员要管松一些。重体力劳动如盖沙丘、深翻土地、挖河等这些工作要往后推一下,给社员休养生息的机会,更好地集中力量把生活安排好,把副业生产抓好。

各公社领导同志要在部分深入到队,应把粮食统销、安排社员生活作为最中心的任务,其他工作和统销相矛盾的一律向后推一下,影响统销的一些会议一律不要开。要求领导干部一定要亲临前线,以点带面,抓统销,抓组织副业收入。

凡是副业抓得早、抓得好的，不但搞起了副业，创造了经验，也进一步贯彻了生产救灾的方针，改变了人们的思想，增加了收入，提高了战胜灾荒的信心。城关公社南部的灾队比好队还有钱，因此减少了国家的统销，打下了长期搞副业的基础，进一步贯彻了以农业为主、以副养农，农业副业结合的方针。葡萄架大队刘楼搞副业买了七辆架子车、两头牛，意义非常重大。

我们要千方百计找门路，扩大生产，变死钱为活钱，变死钱为物资。有些队有钱没有粮，怎么办呢，迅速做好副业分配，社员可以到外地买些粮食，也可以以生产队为单位去买粮食回来分给社员。

有些队存款想外出买粮食，不敢外出，干部也不敢表示态度。因此，钱虽多不顶用。这个问题主要是没有划清界限。因为，今年一年来，在群众中讨论外流的坏处比较多，社员划不清什么是外流，什么是正当副业的界限。因此，我们的干部应该告诉基层干部和社员，只要不搞投机倒把，不贩卖国家禁止上市的物资，棉花、花生、烤烟、油料、金银、票证等，不违犯国家的法制，可以允许社员投亲靠友，允许外出换粮。吃利保本不算投机，在生产队统一安排下，可以找些好的贫下中农、生产队干部出去搞些副业。我们在葡萄架大队发现有些社员有枣，但没有粮食，社员说：我家的枣是不是可以换些粮食？干部不敢表态。有枣可以换些粮食不算投机倒把；有些地区藕很多，允许出去换些粮食。

要注意劳逸结合，当前一些劳动强度太大的农活，如翻地、挖河，要有意识地根据不同情况该停的停，该放长线的放长一些，以避免现在吃了春耕生产的粮食使将来生产造成被动，不要撑得过急，不要要求过高，为什么呢？因为，前段自力更生方针贯彻以后，再加上一些典型经验传播，基层干部和社员鼓足干劲，改变面貌的精神实在可嘉。可现在已经是天寒地冻，再加上口粮标准很低，因此我们就要注意这方面的领导，注意有劳有逸，有紧有松，给社员一点休养生息的机会，以便积蓄力量，明年大搞春耕生产。

统销工作一定要实事求是。在搞法上，有些地方要因地制宜，该简单的简单，该复杂的复杂。例如：绝收队、重灾队就可以简单一些，除个别的不销户，其余每个按75斤算账扣除现存粮，缺多少补多少；对轻灾队的家底要摸细一点，时间放长一点。首先解决断炊户的口粮。绝收队从现在计算，5个月75斤，家里有多少再给多少，现存粮加半斤就行了。

这个讲话稿里反复说的一个词语"统销"，是计划经济时代的一个产物。通常统销是和统购合在一起说的，称为"统购统销"，百度一下这个词语可以看到这样的解释：中华人民共和国初期的一项控制粮食资源的计划经济政策。1953年10月16日，中共中央发出了《关于实行粮食的计划收购与计划供应的决议》。这一决议是根据陈云的意见,由邓小平起草的。所谓"计划收购"被简称为"统购","计划供应"被简称为"统销"。后来,统购统销的范围又继续扩大到棉花、纱布和食油。上世纪 80 年代,该项政策被取消。

焦裕禄在这个讲话里所表达的内容是如何做到细致公平,这样的工作在中国当下几乎不可想象。一个县委书记做到如此的具体,不是因为他精力旺盛,而是因为这些具体的工作关系着整个县里的风气。如果有一个村庄出现不公平的分配和统销统购,那么,首先和干部有关,因为各级领导干部都有自己的亲属;如果干部作风不正,那么秩序立即会乱了,而民怨起来,治理就会停下来。

1963 年 12 月 29 日,焦裕禄在兰考县委常委会上给兰考县委做了一个调查报告,随后被县委转发给各个党委机关。

这份调查报告依然是关于统销工作的问题。在这个报告中,焦裕禄以仪封公社圈头大队的统销工作为例,来说明当时调查清楚,让老百姓真正能享受到政策福利的好处。

他强调工作方法的重要性:"在方法上,根据圈头大队的做法是,因指标分了三次,经过前段摸底,有的户不应该销,有的户安排已经保证了,但因粮少,有些本来缺三个月,只销了两个月。因此,将用扒两头补中间的办法,即将不销户和按政策已销够的户站出,再补销未按政策销的户。这部分户的补销,有两次会就结束了。第一次先召开生产队贫农代表和干部会,在上次摸底排队的基础上,重新摸下底排下队。标准是到5月底现有粮食加统销每天保证半斤,缺多少补多少。如张三上次摸底是现有粮每口人还有10斤,贫农代表和干部若认为可靠,这一户到5月底就每人再销65斤。若上次摸底不是这样摸的,而是因为指标少,首先保证了困难户五保户每人半斤后,余下缺粮户不是按现有粮加统销粮保半斤销的,而是根据粮食多少,按等级分配的,如一等50斤,二等40斤,三等30斤,问题就大些,如本来按政策应销60斤的,但因指标少只销了50斤,缺10斤,这次再补上。若这样做指标还不够,有的户还有缺口,可缺到困难小的户身上。再发动自力更生搞副业补缺口。这个会摸底后,再召集补销户,逐户协商逐户落实。在方法上是,工作队和大队干部组成若干小组(两人一组),分队逐户协商,协商时先讲明政策,自己的加国家保半斤,光说自己的,然后再用统销粮补足每天半斤。这样逐户落实下来,然后再填购粮证。"

在这份调查报告里,焦裕禄举了圈头大队的一个窑匠的例子来说明摸底还是很必要的。"圈头有一户是个窑匠,给外队烧砖瓦窑,烧一窑管吃,还能赚30元到40元钱,而这个窑匠不向队里交一分钱,这类户可不销,叫他到市场上买高价粮,今后应订好每月或每窑向队交款数,在农业上给他记工分。有的窑匠向队里交过款,但他家存款很多,可动员他买议价粮。"

这一段报告基本上将"统销"这个词语介绍清楚了。所谓统销其实指的是低价粮食。在兰考灾荒的特殊时间里,所有庄稼绝收,有钱也买不到粮食,而粮食本身是被国家统一规划。如果你买不到统销的粮食,那么到市场上只能买高价的粮食了。所以,正因为统销的粮食价格很低,才成为优抚品。

十一、他手下的干部并非每一个都配合他的工作

焦裕禄在兰考发现的问题很多,其中最大的问题有两个:一是灾难深重,这已经通过他的走访可以确认;再一个问题就是在这样大的灾难中有的政府官员不作为。老百姓受灾了,政府不作为,那么他们只能往外逃荒。所以焦裕禄到兰考以后,凡事都要立规矩。他为什么处处吃苦地去做调查,而不是根据别人的汇报就制订方案呢?因为他担心他听到的汇报不是真实的。越是在群众有灾难的时候,越要仔细核对每一个信息来源,老百姓的觉悟还得靠政府来引导。如果党员干部都在为自己做打算,那么老百姓一定不会为集体奉献,那么建设社会主义就会成为一句空话。

焦裕禄的每一个工作报告,都有具体而鲜活的例子,比如圈头村的这个烧窑匠,他属于那个年代的个体户、自由职业者。因

为有一门手艺，他自己的日子过得不错，有存款，有吃的，还有额外的收入。那么，从当时的缺粮食的生存环境上来说，如果他和大家一样，也定量地购买低价的统销粮，那就对特困户造成了资源上的侵占。在那样一个特殊的氛围中，不能对温饱没有问题的人进行照顾，只能照顾真正的缺粮户，这就是一种相对的公平。

焦裕禄详细地在报告里说明一定要摸底，就是怕像烧窑匠这样的家庭有很多，他们有积蓄，可以在困难的时候发扬风格，将自己的统销粮指标让给别人。如果没有摸好底，那么，粮食本来就不够分的，他们挤进名额了，多占的部分，就会让一户真正需要帮助的人断粮断炊，就又会造成一户人家的外流。

焦裕禄在兰考的工作以及调查也并不都是一帆风顺的。比如，曾任兰考除"三害"办公室主任的卓兴隆在接受任彦芳采访时说了一个事件。事情是这样的：那时候羊啃树很厉害，为此，城关出台规定，禁止羊出村，要圈养。焦裕禄要治风沙，支持植树造林，当然支持城关公社的做法，同意他们出台的规定，不许放羊。三义寨区委的领导就写信举报焦裕禄，说县委出台的规定违反了国家农业的60条规定。

焦裕禄一向是一个凡事耐心、扎实做工作的人，对于这件事情是如何回应的呢？"我们赶明儿就要用机关枪扫射。我们就是不发展羊，我们是以农林为主，羊吃了树苗，损害集体肥了个人。"

这也是焦裕禄——和柔软地对待村民的焦裕禄不同,在治理"三害"这件事情上,他是一个强硬的县委书记。

县委副书记刘呈明曾经讲过一件焦裕禄的旧事。焦裕禄到兰考走访,听取报告,实地调查以后,决定从根本上改变兰考的面貌,不是做面子工程,他要从基础做起,一步步地来。

他决定先给农民送架子车、铁锹,让他们干活,治理风沙。让他们干活,还要记工分,有工分呢,就有粮食吃。这样的做法,吸引了很多外出逃荒的人,在家里干活有饭吃,这多好啊。

他一个人做调查毕竟还是有限的,走到哪里算哪里,所以他发动全县各区的一把手,都要到村里去蹲点。

有一个公社书记是一个贪图享受的人,不喜欢焦裕禄这一套吃苦干革命。他不想去村里面蹲点。主要是因为吃不舒服,住也不舒服。焦裕禄要求所有人都得下去蹲点,他就说,让我蹲点可以,以后别叫我开会。

他后来去了东邵岗大队蹲点,不过他将公社里八个和他要好的干部全都带去了,还带了一个炊事员,开了小食堂,每顿饭必须得有菜有酒。吃完喝完做什么呢,打扑克。蹲点了一个月,焦裕禄问他村里面的情况,他一概不知。后来他换个村蹲点,新蹲点的村庄叫笼庄,到村里第一件事情就是将村里地主家的一个棕床要了过来。

这个村里的村干部们联合起来,将村集体的1300多亩地侵

焦裕禄在棉田里劳动

占了,所收的东西他们集体分了,或者是卖了,但隐瞒不上报。这个公社书记来蹲点后,吃了他们一顿请,这事就算过去了,不追究了。

这也是焦裕禄当时手下的干部。

当然,问题还有很多。比如县委委员孙天祥在接受任彦芳采访时说的一件事情。

当时孙天祥负责全县的供销社。焦裕禄给他们布置的任务是,为了让那些困难户不再外流讨饭,不要直接发钱给他们,要直接救济他们一头猪,或者一些小鸡,有了这些家畜,他们就有了希望,把这些家畜养大了就能卖钱。这样一举两得,既让这些人把心放在了兰考的建设上,又让这些人得到了实实在在的救济。

可是,想法是好的,落实起来就难了。比如,焦裕禄让供销社想办法给困难户买牲口,过几天再去看的时候,发现牲口没有草吃,饿死了,死了后就被村干部们杀了分了。

县里的扶贫牲口本来是想着稳住老百姓不让他们外出讨饭的,结果成了有些乡村干部的一个可以挣钱的项目。到后来,这些县供销社送到村里的牲口,村里的干部并不下发给农民喂养,而是借口村子里没有干草来喂养,直接杀掉,和县城里的一些屠宰户做起了生意。

焦裕禄事后知道了这些,很恼火,但是村干部说的也是有理有据的,说什么村里的人手少,有些草早些时候被割掉卖了,现在正是青黄不接的,地里全是盐碱,没有草。

结果,县里分下去一些猪啊羊啊,在有些村庄不但没有成他们勤劳的理由,反而又成了向县里伸手要钱的依据。

这也是焦裕禄所面临的基层干部们。

十二、剥花生该找什么人也是焦裕禄考虑的事情

还有一件好笑的事情,也值得说一下:剥花生。

焦裕禄给市里打报告,申请到了10万斤花生种子。可是还没有种下去,他就想到了剥花生的问题。因为那时候土地还没有承包,一切都是生产队,大家劳动记工分,集体分配。所以,剥花生的时候,一定会有人偷吃。如果大家都吃的话,那么,花生多少都不够吃的。最重要的是,剥花生的人偷吃,那么,不剥花生的就会有意见,也会争着来剥花生,然后都来吃,那么,花生还没有剥完,就会被瓜分了。

所以,焦裕禄提前做好了一个设计,有关剥花生人员的审查要求。焦裕禄为此专门开了一个党员干部会议来研究剥花生的人员构成问题,最后由什么样的人组成一个剥花生小组,大家达成了一致的意见,如下:

> 不准四类分子剥。所谓四类分子,就是土改以后,对地主分子、富农分子、反革命分子和坏分子的统称。

剥花生不准带小孩。

不准好吃的剥花生。

好偷好摸的不准剥花生。

集中起来剥,不分散。

找公证人,找出仁率,再分给个人。

事情管到该如何剥花生上,这也算是个兰考特色了。然而,事关老百姓的利益和分配问题,任何小事,都当作大事来办,才有可能办好。这也是焦裕禄给兰考县干部留下来的一笔管理财富。

要改善土质,要求必须得多上农家肥。什么是农家肥?其实就是人和牲口的大便。卓兴隆当除"三害"办公室主任时,就在统销粮上动了手脚,他暗地扣下了7000斤统销粮不往下发,用来换大粪。因为当时处于饥荒期,民众没有力气自愿交粪肥。那么粮食短缺,用粮食换粪便就很容易。焦裕禄看到卓兴隆换来那么多粪便,很高兴。当卓兴隆将实情告诉焦裕禄的时候,焦裕禄并没有恼火,而是对他说:"以后别这么搞了,这回也别写检讨了。你没有意见吧?"

从这件事情上可以看出,焦裕禄也并不是一个完全不讲人情的人。尽管他一向认为凡事都要讲规矩,尤其是领导干部要带头遵守规矩。可是,当时的兰考还处在一个民众只认粮食不认人的时代。所以,想要老百姓参与有公共利益的事情,需要做的事情还很多,焦裕禄深知这一点。他不可能永远让老百姓处于道德的亢奋期,他也没有那么大的宣传能力,更没有那么多可供奖励的物质,他有的是一颗做人做事都真诚的心,他希望能影响一个人是一个人,能团结一个人是一个人。

既要团结那些底层的民众,也要团结身边的人。

焦裕禄对身边的干部们很照顾。他自己的身体不好,从来没有因为身体的原因而去请假休息,但是身边的同事如果有人病了,他会立即要求那人去看病。这是焦裕禄的道德。我相信他如果不是来到陌生而艰苦的兰考,他不会这么做。即使这样做了,也不会如此地虐待自己。因为,大家都是一样的,别人的身体重要,自己的身体当然也重要。

可是,现在兰考给他的题目是,他要指挥别人按照自己的意图去做事,那么,该如何建立这样一个指挥与听从的关系呢?这便又回到了上面所说的话题,如果想要在一个陌生的地方建立威信,在那样一个时代,唯一的方法就是,自己比别人能吃苦,比别人能承担责任。

十三、心里装着全兰考的人,唯独没有他自己

作家何香久在《焦裕禄传》中写到了这样一件事:

有一天,焦裕禄下乡回来,已经快半夜了。刚进办公室,就听到一个让他震惊的消息:一位包队的公社干部连累带病,再加上营养不良,突然倒在治沙的工地上,大家把他拉到公社医院,大面积心梗,没抢救过来。焦裕禄捂住脸,眼泪流下来。他掏出一支烟,手却抖得点不着火。他去了那个干部家。天亮前回到办公室,坐在藤椅上,肝部剧烈疼痛,他用茶缸使劲顶住。这次顶的劲头太大,藤椅顶出个窟窿。县长程世平进来了。焦裕禄说:"老程,我觉得我不但欠了兰考老百姓很多,对兰考的干部我一样欠了很多。"第二天一上班,他让人把人事科长请来。人事科长来了,焦裕禄让他汇报一下全县干部的身体状况和死亡情况。起先,人事科长不敢说实话,只说有些干部水肿,死了两个人。焦裕禄神情严肃,要他从共产党的党性出发,讲真话。人事科长才说:"从1960年到现在,已经饿死、累死了27名基层干部。"如一声惊雷响在焦裕禄的心上,他眉头拧成疙瘩,烟抽了一支又一支,泪水盈满双眼。沉默了一会儿,焦裕禄说:"对这27个干部的家属、子女,咱们一定要照顾好。党把这么多干部交给我们,让他们带领群众斗'三害',我们对干部关心得不够了。27个干部啊,我怎么对得起党,对得起他们的家属?从现在起,对全县干部进行一次体检,该休息的休息,该住院的住院。口粮方面要给予照顾。对去世同志的家属,要做好安置工作,赶快派人去外地购些议价粮。"程世平提醒他,购议价粮是违反粮食统购统销政策。焦裕禄说:"这件事出了问题我一个人顶!"

果真如穆青、冯健和周原在那篇著名的通讯里写到的那一句:"他心里装着全体人民,唯独没有他自己。"

1964年3月19日上午,兰考县委常委会就安排群众生活和改进领导方法召开了一个专题会议,开封地委副书记延新文参加了这次会议。

焦裕禄在会上讲到了很多细致的工作安排,如下:1.开一次对账会,把社长和管生活的干事叫来,组织查清各种账目。2.组织调运各种救灾物资,成立指挥部,各公社要有一名党委委员负责。3.做好组织工作,可以把救灾物资分配到队里,结合着运。五保户、困难户的东西由生产队负责运回。4.对分配的救灾物资张榜公布,账物对照。

焦裕禄还对干部如何下乡蹲点做了具体的安排,而关于种泡桐树这件事情,焦裕禄直接说:"育桐苗要群众的桐树根,每根可给2分钱。机关要带头育树苗。"

这是他生命中最后一次开县委常委会,他丝毫没有意识到自己的生命已经到了最后的阶段,他关心的是具体的人、具体的事、具体的树苗。只有一个无比努力,一定要干出结果的人才会如此地执着,如此地关心细节。

地委副书记延新文在这次会议上表扬了焦裕禄给兰考带来的新变化。他是这样说的:"到兰考下去看了四天,把你们县大部分地方都看了。总的印象,感到兰考的情况正在起变化,向好的方面变化,干劲大,信心高,不但有规划,而且有行动。变化的原因多,主要是县委领导思想比较明确,摸透了县里的情况,下了决心。方法、措施比较具体对头。如压沙,原来听到消息,总考虑中不中,顾虑重重,担心压了沙会不会再刮起来,下大雨是不是会把沙土冲跑。这次看了确实不错,这条路是对的。兰考县委的同志很好,去年虽然困难很大,但在困难的情况下,办了很多事情,别的地方不敢干的你们干了,效果很好。从去年看你们的态度是积极的,没有被灾情方面的困难吓倒,大家的精神状态很好……"

隔了一天,3月21日,焦裕禄和县委办公室干部张思义骑自行车去三义寨公社看看村民们的副业搞得怎么样。一路上,他们看到了路两边新栽的杨树,沙丘已经被压住了,排水河道也挖好了,麦子在田地里长势很好,看来往后可以丰收。焦裕禄心里充满了喜悦,他在省委第二书记何伟面前可是立了军令状的,三年要改变兰考的面貌,现在看起来,是有希望的。

可是,还没有到三义寨公社,焦裕禄的肝部突然疼起来,焦裕禄的自行车骑不了了,只能下车来捂住肝部。张思义看他脸色难

焦裕禄下乡看到土山寨群众冬天蹚水过河,和群众修了一座桥,当地群众称之为连心桥

看,对他说,咱们要不先回。焦裕禄挂念着听三义寨公社书记的汇报,就推着自行车往前走。

到了三义寨公社,焦裕禄听着汇报,一只手摁住肝部,另一只手试图拿笔记一点内容。可是他的手抖得厉害。不仅如此,焦裕禄还疼得满头大汗,钢笔从手上掉落下来。

这一天,他没有能坚持听完汇报,而是住进了兰考县人民医院。

3月22日,县委本来要送焦裕禄去开封就医,可是焦裕禄的工作太多了,他又在办公室里待了一天。

3月23日,焦裕禄肝部疼痛难忍,不得不离开工作岗位,去开封看病。这一去,他再也没有能回到他的藤椅上、办公室里。他永远离开了兰考,离开了他关心的2分钱的桐树根、盐碱的味道,以及牛羊要吃的草从哪里来的问题。

十四、人们在他去世后都怀念他

焦裕禄在兰考的工作时间很短,但给我们留下的却是一座丰富的宝藏。470多天,他用一个急促的生命,刻写了一个生命的高度和强度。

焦裕禄的名字传遍全国以后,全国人民从此知道了中国有个兰考县,兰考有这样一位县委书记。焦裕禄成为那个时代党群关系的一种特殊象征。

焦守云在《我的父亲焦裕禄》一书中有一个采访,是在2016年1月15日进行的,是关于20世纪60年代兰考人在焦裕禄带领下治理风沙盐碱的记忆,被采访人叫雷中江,曾是兰考县坝头乡敬老院的管理人员。

问:当时是怎么防治风沙的?

答:拍墙、拉沟,那时有(柴油发动机带动的)拉沟机,地面平整的用拉沟机,那时是1963年和1964年。把胶泥都拉出来了,拉了有一米多深。

问:挖出的防风沟效果怎么样?

答:不怎么样。要是好了,就没有最后的翻淤压沙的程序了,焦书记的方法是最好的,翻淤压沙立竿见影。

问:当风沙来时,你家里有没有落沙土?

答:有。我家至少比外边低三十公分。风沙一起老百姓是黄脸黑地,白天都要点灯了,不然屋里看不到。

问:你家院子里有树没?吃水怎么弄?

答:不多,只几棵椿树;吃水用土井,老百姓土方造的井。县城的碱大,水都是咸的。

问:你第一次见焦书记有印象吗?

答:那是1963年3月下旬在兰考火车站,我准备去安徽要饭。当时我23岁。那个年代安徽情况好点。当时的火车是单轨,只能跑一趟车,要求货车让客车,慢车让快车,所以兰考停了好多货车,为扒车提供了条件。人们在货车没来前隐蔽起来,我们跑到东闸口在那儿等着,有三个人来了,他们走得近,躲是来不及了。前面的人问我们是哪儿的,干什么去,我们实话实说:准备到安徽拿布换吃的。

前面那个人又往前走了两步到我面前,一手拉着我的手,一手扶着我的肩膀,说我是兰考县委的,我姓焦,叫焦裕禄。我们没把工作干好,让你们受苦了。你们去吧,路上注意安全。这几句话说得很沉重。我没看他的脸,估计他的眼泪在打转转。我们等了20多分钟,就扒火车走了,到安徽蚌埠。

问:你们见到焦书记时,他穿的什么衣服?

答:穿的衣服褪色,不显眼了,但是很规矩的,不是这补一块那补一块。可以说我见焦书记的次数很多,但衣服都是规规矩矩、干干净净的。

问:你见到焦书记之前有没有讨过饭?

答:我3岁随着父母讨过饭,到江苏徐州东。要了8年饭,1949年的9月我才回来。

问:哪一年成的家?1949年到你成家的那几年中间有没有出去要过饭?

答:1963年3月。步行到杞县、太康。

问:都能要来什么?

答:在杞县以南瓜为主。

问:当会计时大队有什么家底、牲畜?

答:大队没有一分钱的收入。最多的一个生产队有十来头猪,小生产队三到五头。我所在的生产队有2000多人。

有个第十生产队,队长叫韩玉河,1963年全年夏季收了720斤麦,有3头牲畜,151口人。那个年代要"三留"(国家、集体、个人),种子都不够。焦裕禄书记在我们这儿的时间不长,人们怀念他,是因为他指出了让我们生存的办法。

第六章
多才多艺的温情父亲：焦裕禄在兰考的家庭生活

一、欠债的焦裕禄

焦裕禄到兰考以后，基本上把三分之二的时间都用在了下乡考察上。他知道之前的县委书记不喜欢下乡，他呢，不想做一个坐在办公室里看报告的人。

有时候下乡，他会住在老乡家里。所以，焦裕禄在兰考的家庭生活少而又少。这也是他的疾病恶化的原因。

肝病并不是致命的疾病，如果能好好休息，注意营养，慢慢地会自愈的。然而,焦裕禄在兰考所过的日子恰好是相反的。首先他很少住在家里,所以,饮食上不能保证。其次,他常常和农民们一起干重体力劳动,这也是肝炎患者所忌讳的。最重要的是,他的休息时间得不到保证。

焦裕禄离开尉氏到兰考报到的时候,还欠尉氏县137元钱。当时他还不上,直到他到了兰考后,才又从自己的工资里攒够了钱还给了尉氏。

可以想象,他刚到兰考时,实际上是没有什么积蓄的。再怎么说,县委书记也不能老是穿带补丁的衣服啊。可是焦裕禄就一直穿着补丁衣服。他心里不追求这些。原来在大连的时候,他过的日子多好啊,可是到了兰考以后,他能放下这些私欲。怎么说呢?不是他的品格天生多么高尚,这和一个人的政治信仰有关系。他的信仰是,要和群众打成一片。

兰考的群众正处于饥荒中,那么,他便只能降低自己的生活标准。

焦裕禄到兰考后不久,全家便搬到了兰考住,因为孩子多,所以,他的岳母也随着他们一起到了兰考,帮着看孩子,做些家务。

焦裕禄1963年春节前来到兰考,一个月以后,兰考县委出了一个福利救济名单,有他的名字。相信这是多年来的惯例,县里的主要领导干部要享受一下财政支出的福利。焦裕禄打破了这种惯例,他找到机关的党支部书记,问他,享受国家救济的条件是什么?支部书记答:有三条,家住在灾区,生活困难,本人申请。焦裕禄说,我家不在灾区,本人也没有申请,为什么我的名单在里面?

焦裕禄亲笔题词

焦裕禄专门开会说并不符合条件的救济的事情,他表示,评给我的救济款,我一分钱也不要。他这样一说,县委机关有十名干部当场也表示,不要救济款。他不要救济款可以,但是,组织上知道他们家孩子多,冬天正是棉花紧缺的时候,就分给了他们家三斤棉花票。显然,这棉花票是给徐俊雅的。徐俊雅拿到棉花票以后,的确也很欢喜,她都在心里做好了打算:给大的做件棉袄,给老二做件棉裤,他们家的被子也烂了个窟窿,又想套一床棉被。

如果能剩下一两半两棉花,就纺线给焦裕禄织一双棉袜子。

而焦裕禄回到家里就问起了棉花票的事情,明确要求徐俊雅将棉花票退回去。徐俊雅能怎么办?退回去呗。家庭生活的温馨就这样被焦裕禄工作的认真给破坏了。

棉花退了也就退了吧。焦裕禄到兰考工作后不久,原县委书记因个人经济问题和生活作风原因被调离岗位,焦裕禄接任兰考县委第一书记。这个时候,徐俊雅的哥哥和嫂子给徐俊雅说了好几次,想让焦裕禄给他们的儿子新太在兰考县委谋个通信员的工作。因为新太有文化,不仅写得一手好字,还打得一手好算盘。徐俊雅知道焦裕禄的脾气,一直不敢向焦裕禄提起,直到哥哥嫂子催得急了,才找了一个机会委婉地向焦裕禄说起此事。焦裕禄不等徐俊雅说完,就回绝了,焦裕禄说:"我是县委书记,不能违反国家政策,随便用人。现在农业上需要知识青年,叫他在那个广阔的天地里好好干吧。"

焦裕禄连自己的女儿都送到条件最艰苦的县食品加工厂,他的家庭在他的工作中成为配角,他不能因为自己的家庭生活而牺牲掉自己的原则。他不想让别人说他和前任一样,对自己家人是一个标准,对别人是另外的标准。

二、女儿眼中的父亲

焦守云在《我的父亲焦裕禄》中写了大姐焦守凤中学毕业找工作的事情:

> 我大姐守凤初中毕业后,母亲想让她在县委大院当个打字员,但父亲不同意,说出了校门进机关门,缺了劳动这一课。因为守凤的同学是理发员,父亲觉得学门技术也不错,大姐赌气不想理他。听说县委书记的女儿初中毕业了要工作,学校想请大姐当老师,邮电局长说局里缺个话务员……各种好消息都有,但都被父亲拒绝了,他认为我大姐如果干这些工作,会沾染上厌恶劳动的不良思想。因为没有参加过体力劳动,一定得补上这一课。于是大姐被安排进了兰考的食品加工厂当临时工。父亲还对厂长说:"小梅(我大姐的乳名)到你们厂做临时工,进行劳动锻炼,要把她分配到酱菜组,这对于改掉她怕脏、怕累的毛病有好处。你们不要以为她是我的女儿,就对她要求不严了。"就这样,正值妙龄的大姐在食品厂最艰苦的岗位工作了,她哭过闹过罢工过。有一天,父亲对她说:"爸爸今天事情不多,陪你卖酱油吧。我爷爷开过油坊,我小的时候,也走街串巷卖过油,我来告诉你怎么喊能把酱油更快卖出去,怎么挑担子更省劲。"姐姐一听可

高兴了。刚开始,姐姐跟着父亲走街串巷,可后来,她觉得不对,父亲是县委书记,怎么能让父亲也干这样的活?就说:"爸爸你回去吧,以后我再也不闹了。"之前说过,我父亲特别喜欢孩子。对待守凤工作这件事情,看似不近人情,但也饱含了期望子女能独立自主的爱。

焦守凤是焦裕禄和前妻的女儿,但是她和徐俊雅一起生活,和弟弟妹妹们相处甚好。所以,她毕业了,徐俊雅也希望她能有一份体面的工作,这是做母亲的一个最正常不过的愿望。只是焦裕禄有自己的价值观,凡事他会从自己的人生经历来判断,他是一个吃过各种苦头的人,他认为他自己所有吃过的苦都没有白吃。所以,他希望自己的孩子以后也是一个能吃苦的人,一个优秀的人。再则,焦守凤是家里最大的女儿,他也希望长女能给自己其他几个子女做个榜样,要求也格外严格一些。

比如焦守凤念初中的时候住校,暑假里,焦裕禄给她写了一封信,告诉她暑假的时候不要回家,要去尉氏县的舅舅家里,舅舅是农村的,去了以后自然是帮忙干农活。焦守凤去了舅舅家里,刚开始还很新鲜,可是干了两天就觉得苦,太阳太晒了,她不想去地里。

焦裕禄自然又是一顿批评,所以焦守凤就不理解,老觉得她和弟弟妹妹们不一样,焦裕禄有时候也没有办法,只好妥协一两次。

焦裕禄去世后,焦守凤在《我的爸爸焦裕禄》一文中也曾写到过这一段,写得很详细:

我在上学期间,爸爸除了给我伙食费以外,几乎不给我一点零花钱。1963年,我已经是初中三年级的学生啦,冬天还穿着我九岁上小学的时候家里给我做的一件花布大衣。刚做的时候长得拖到了脚跟,穿到我上初三,就只够半腰了,那上面已经补上了好多补丁。在学校里面,有个同学说我:"你爸爸还是县委书记哩,也不给你做件新衣裳。"我想,也是。春节放假,我就找爸爸要求说:"人家都说你是县委书记哩,还叫我穿这件破大衣。你也不怕丢人。"爸爸笑了笑,指着他身上的那个补丁衣服对我说:"你看我这县委书记穿的是啥衣服?这丢啥人!"爸爸看我低下头不吭声,就进一步开导我:"你知道啥是丢人?好吃懒做、贪图享受,才是真正丢人呢。"我咕咕哝哝地说:"你光叫我穿烂衣服,也不给个零花钱……"爸爸教育我说:"艰苦朴素,你应该感到光荣才对。要比,得跟贫下中农比。书记的女儿不能高人一等,在学校要尊敬老师,团结同学,在街上对群众要有礼貌。只能带头艰苦,不能有任何特殊。再说你现在穿得并不坏,冬有棉,夏有单。虽然破一点,也没有露出肉来,比我小时候穿得好多啦。"他还说:"只要穿得干净整齐就行了,穿得再好,不劳动就不好。"听了爸爸的话,我就把那件大衣改成了小棉袄。后来袄袖破得实在不能穿了,我又换了两个袖子继续穿。

焦守凤那时正是爱美的年纪,焦裕禄将自己的旧裤子改了一下,让焦守凤穿,焦守凤当然不想穿,对他说,我还是穿裙子吧。焦裕禄就觉得自己的女儿不能吃苦。实际上,这是焦裕禄一心为工作,无私带头,缺少对青春期女儿的关注。虽然那个时代物质极度贫乏,但是在学校里,人多了,大家也是会攀比的啊。作为全县最高官员的女儿,焦守凤穿的差不多是最破旧的,所以,有同学就嘲笑焦守凤装穷,他们哪知道这是焦裕禄一家的生活真实。

三、在爱人眼里,他是一个喜欢孩子的父亲

徐俊雅在接受任彦芳采访的时候,曾经这样说过焦裕禄和孩子们:"他喜欢小孩子,一回来,就用车子推着一个个的。"这是焦裕禄和孩子们最常玩的游戏了,无非是在院子里推着自行车跑两圈。

有时候,焦裕禄会到街对面的小人书店里买一些书给孩子们讲一讲故事,这也是家里难得的温馨时刻了。徐俊雅还说:"他经常胳膊上抱一个,背上背一个,在院里跑。"

那时候,即使是县委书记的家里,全年也吃不上纯白面的馒

头。有时候,焦裕禄回到家里,会在地上看到孩子们不想吃了扔掉的粗粮馍馍。焦裕禄就会把孩子们叫到身边,给他们讲他下乡看到的乡村里的穷苦和饥饿,别说是粗粮了,下面的人吃了红薯干吃野菜,根本吃不饱肚子。孩子们没有下过乡,不知道下面的人有多苦,焦裕禄也不发火,就那样抱着他们在火炉边烤着火,将刚才他们扔到地上的粗粮馒头又烤热了,和他们一起分着吃了。一边吃,一边教他们唱:"我是一粒米呀,长在田间里,农民伯伯种下我,多么不容易。"

对自己的疾病,焦裕禄像是有预感一样。1964年春节,多年不回老家的他,请假带着全家人回到了山东博山县北崮山老家。他带着六个孩子给他的父亲上坟,那天正好下大雪。焦裕禄在父亲的坟前给孩子们讲了他们家的过去,爷爷是如何被逼上吊自杀的,让孩子们知道,今天的日子虽然还不富裕,但已经有吃有喝,要知道珍惜。

他还骑了自行车在自己村庄的周围转了一大圈,他想回到自己的过去,童年和少年时期,那些苦难对他而言是多么幸福的时光啊。

他似乎是有意向自己的故乡和母亲做最后的告别。然后春节过后,他回到兰考没有多久,便住进了医院。

1964年3月的某一天,徐俊雅去开封专区开会,回到家以后发现焦裕禄躺在床上正难受,没有吃饭。徐俊雅就慌着给他做饭吃,当时的焦裕禄肝病已经非常严重,吃不下饭。他就对徐俊雅说:"我不想吃饭,心里难受得很!"可是,越是难受,越要吃饭顶一下啊,这是徐俊雅的想法。她就对焦裕禄说,我给你煮碗粥放点糖。那时候糖也是紧缺的食品,平时只有孩子得病了才能喝一碗糖水。

焦裕禄坚持不吃,将徐俊雅气哭了。一向温和的她发了脾气,对焦裕禄说,如果你坚决不吃饭养身体的话,我就要去县委找你的同事们去说,让他们来做你的工作。

焦裕禄拗不过,只好吃了点东西。

四、疼痛时的所思所想

在郑州住院期间,有一天,焦裕禄清醒过来,给正在难过的徐俊雅留了遗言:"咱俩商量个事,我说了你别难受,你也别哭,这样说说有好处。一是你要向最坏处着想。万一我有啥事,你一定要顶得住,以后事情多得很,你的担子很重啊。你不能倒下去,家里还有孩子,还有两个老人。你要教育好孩子。二是咱们向最好处努力。你看领导对我多照顾啊,袁局长找到邓小平书记,邓书记亲自安排……我听大夫的话,你又这么照顾我,大家努力,也许会好的。"

焦裕禄的衣服,第二个扣子总是不扣上的,后来大家才知道,他是方便自己的手伸进去,摁住肝部来止疼。

有一天,焦裕禄自己摸到了肝部上长的一个瘤子,他对徐俊雅说:"俊雅,我这肚子里长了个疙瘩,你一摸它一缩,像老鳖的头样的。"

徐俊雅有些担心,便劝他赶快到医院里去查一下。焦裕禄说,忙完这一阵子一定去查一下。可是,他永远忙不完这一阵子,一直到躺在了病床上。

焦裕禄住院期间,吃不下饭。徐俊雅问他最想吃什么,焦裕禄说,我只想吃黄瓜。可是那时候是春天,黄瓜少得很。最后,终于找到了几根黄瓜,切成丝给他。他也没有咽下去。

焦裕禄的病情,徐俊雅并没有告诉他实情。后来他疼得厉害时,老问自己到底得了什么病。徐俊雅只告诉他是慢性肝炎。

焦裕禄不相信自己是肝炎,但也抱着幻想。刚开始疼得厉害,止疼针价格贵,他不舍得用。他疼得直出汗,徐俊雅只好给他换下贴身穿的衣服,衣服被汗湿透了,都能拧出水来。

可是焦裕禄忍着不喊,不喊只能在床上打滚。他太疼了,直咬牙齿。再后来,他自己用烟头烫自己,一烫手腕当然疼得厉害,但是疼痛转移了,肝部的疼会缓解一些。再后来,烫的时间久了,胳膊也麻木了,肝又疼得厉害了。

2016年10月12日,我特别带着家人到河南省保利艺术中心看了一场河南省话剧院排演的话剧《焦裕禄》,其中有一场焦裕禄在父亲的坟上喊疼的戏十分感人。我相信编剧采访了焦守云女士。在焦守云新近出版的《我的父亲焦裕禄》一书中,她专门用一个小标题来写《疼痛的父亲》,在这篇文字里,焦守云写到焦裕禄直接烫自己的皮肤来转移肝脏的疼痛对身体的折磨。

然而,即使他不喊叫,他在床上打滚的动静也是影响其他病人的。最后,医生只好给他调了一间隔间的单人病房。徐俊雅就劝他说,现在你可以大声地喊了,也不会影响到其他病人了,你叫吧。

焦裕禄最后有一段时间是清醒的,他不想让徐俊雅看着他难过,他想让徐俊雅回家照顾孩子。可是怎么可能啊,徐俊雅还要给他按摩他的血管,以便医生能将针扎进去。

五、一个没有积蓄的县委书记逝世后家庭的贫困

1964年5月14日,焦裕禄终于没有能力再和疾病做斗争了。

焦裕禄去世以后,家里六个孩子,按照烈士家属的补贴,在那样一个年代日子便不好过了。焦守云在《我的父亲焦裕禄》里写到焦裕禄去世以后的家庭生活:"从那以后我家开始不行了,小时候我们都捡过煤核,在外面看到柴火捡回家也烧,我哥我姐放假

了没事,就去帮人家铲煤,哥哥那时 13 岁,个子高,铲煤一天挣几毛钱拿回家都交给母亲。父亲刚去世那两年,我家变化并不大。1966 年长篇通讯发表以后,母亲是哭着过来的。多年来看过她最多的场景就是对着我父亲的遗像流眼泪。每次搬家,她首先把父亲的遗像擦干净,再抱到屋子里。那个年代要求她每天作报告,作一场哭一场,下来后被红卫兵簇拥着,出来哗哗啦啦的一身毛主席像章。那些红卫兵到了我们家后,就把他们的红袖章呀战旗呀送给我们。因为家里不宽裕,母亲就用汽油把那些字脱掉,做成褥子用。"

因为孩子多,焦裕禄逝世后,徐俊雅家里常常陷入窘境。有一次,徐俊雅上街去买鸡蛋,拿了十元钱,卖鸡蛋的换不开钱,就让她看着篮子,说是去旁边的商店换零钱,然后再找给她。徐俊

兰考人民哭悼焦裕禄

雅哪知道人心的贪婪,那人去了以后就再也没有回来。徐俊雅为此哭了几回。一个县委书记的夫人,在那样一个年代,被十元钱逼得节衣缩食。

焦裕禄去世以后的头几年,徐俊雅没有给孩子们添过一件新衣裳。长子焦国庆长得快,徐俊雅就将焦裕禄的衣裳改了给他穿。就连1966年参加红卫兵大串联的焦守云,毛主席在天安门城楼上接见她的时候,她也是穿着带补丁的衣裳。

一直到后来焦守云在学校里报名参加文艺会演,她连一件不带补丁的衣服都没有,闹了徐俊雅很长时间,说想要穿着新衣裳去参加表演,徐俊雅才上街给她买了一块布做了一件新衣裳。焦守云这样写她当时快乐的心情:"母亲上街买了一块白底小绿花的布,亲手给我裁缝了一件。她给我做衣服的时候,我压抑住内心的快乐,不眨眼地盯着看。"

六、有关焦裕禄母亲的一场风波

相比较徐俊雅的忙碌和教育六个未成年的子女,焦裕禄的母亲在儿子去世后的日子便更难过。这个从焦裕禄被日本人抓去便开始天天操心焦裕禄的母亲,中间也享过焦裕禄的福,焦裕禄在洛矿工作九年,差不多每一年焦裕禄的母亲都会去住上一阵子,一是帮着徐俊雅带孩子,再则是看看焦裕禄。只要看着自己的儿子忙碌着，有出息，做母亲的就一定是幸福的。

然而，白发人送黑发人。焦裕禄母亲没有等到焦裕禄出院，而是等来了焦裕禄的一把骨灰。在焦裕禄殡葬期间，焦裕禄的母亲非常坚强，她一滴泪也没有落，陪着徐俊雅收捡焦裕禄的衣物。可是等她坐火车回到家乡所在的八陡火车站，一下车就瘫倒在地上，趴在地上叫着焦裕禄的名字哭了起来。

她这一哭就是两年。两年里，每当有事情想起了儿子，焦裕禄的母亲便会到自己家的一口破窑洞里大哭一阵子。刚开始的时候，邻居们怕她哭坏了身体，常去劝她不要哭，后来，大家习惯了，知道她又伤心了，觉得还是让她哭出来才好。

一直到穆青、冯健和周原的通讯报道发表以后，焦裕禄在全国引起了轰动，一时间全国很多人拥进了兰考县和博山县的北崮山村。这个时候，焦裕禄的母亲要给那些前来参观焦裕禄故居的人讲述焦裕禄苦难的青少年时代的历史。她慢慢地知道了，她养的这个儿子出名了，是全国县委书记的榜样。她为自己的儿子感到骄傲，她觉得自己儿子吃过的这些苦，有人记得，有人感动，这就值得。

关于焦裕禄的母亲，还有一个风波。

焦裕禄母亲去世的时候，山东省正在农村推行殡葬制度改革，不准再土葬，而是要火化。那个时候，焦裕禄的母亲是当地的名人，她去世后，当地政府的主要领导都要参加她的追悼会的。

所以,按照规定她必须火化。可是,在农村人的思想里,火化是受刑。焦裕禄母亲的娘家人不同意火化,他们的理由是,老太太一辈子积德,命苦得很,中年死了丈夫,晚年又死了儿子,现在她去世了,要让她的灵魂安息。所以,老太太的娘家人坚决不同意火化,当时都准备到焦家来抢遗体了。这个时候,山东博山县的领导找到了在北崮山村的徐俊雅,让她出面做婆婆娘家人的工作。那边的领导一直拿烈士家属这样一个道德的榜样来和徐俊雅说话,又说,老太太的身后事,县里的主要领导都要参加,如果不实行火化,领导都没有办法参加,而且丧事也不能办。最重要的是,作为焦裕禄的母亲,她也得带头遵守党的规章制度。

老太太生前为儿子的生和死操劳,没想到的是,死后也要受儿子的影响。

徐俊雅只好去给婆婆的娘家人说好话,讲了很多道理,终于说通了。

七、焦裕禄的第七个孩子

有关焦裕禄在兰考的家庭生活,不得不说到张继焦。这位被焦裕禄救活了的农民的儿子,与焦家的关系在焦裕禄去世以后更加密切。因为感恩,张徐州的父亲将自己的儿子改名为张继焦,从此以后,这个小家伙便成了焦裕禄家的老七。等他中学毕业以后,他和徐俊雅妈妈建立了深厚的母子感情。

张继焦管徐俊雅叫妈，这便是兰考风俗中的认干妈。他叫得理直气壮，是啊，他觉得自己的命都是焦裕禄救的。焦裕禄去世了，他又得到了徐俊雅的照顾。徐俊雅对张继焦的感情朴素得很，她总觉得，这个孩子和焦裕禄有缘分。焦裕禄救了他，如今焦裕禄走了，那么接下来孩子如果有什么事情，她应该帮助，这也算是了却老焦的一桩心愿。

于是，张继焦喊徐俊雅妈妈，徐俊雅应了。当了这个"老七"的妈妈，自然也要管他吃住和学习。等到张继焦该工作了，徐俊雅帮他找了一份临时工的工作，在县委招待所做保安。后来因为不是正式工人，被清退了。张继焦呢，也没有怨言，回到老家帮家里种了一阵子地，又回到县城了。因为徐俊雅又帮他谋了一份差事。为自己几个孩子，徐俊雅从来没有张口说过话。而张继焦不同，这孩子家里太穷，如果在农村种地，不出来找份工作，可能连个媳妇都不一定能娶上。

张继焦工作以后，到了徐俊雅家里，有活干直接就做，吃饭的时候，直接上桌就吃，和亲生的儿子一样。这么多年来，他已经把徐俊雅家里当作了自己的家。因为焦裕禄的几个子女工作以后，工作很忙，成家以后只有焦保钢和徐俊雅住得近，其他几个子女渐渐离开了兰考，所以，阴天下雨把家里晒的煤球搬到走廊下面啊，将院子里的垃圾清扫到外面啊，这样的活儿，都是张继焦来干。

张继焦能干活，徐俊雅话不多，但从内心里喜欢这个穷苦人家的孩子。等到他该娶媳妇了,徐俊雅很上心,甚至动员自己的儿女给她的这个老七介绍对象。最后,是二儿子焦跃进的媳妇给张继焦瞅了一个对象。

结婚的时候,徐俊雅当作自己的儿子一样操持,给了他钱让他盖房子。

焦守云在《我的父亲焦裕禄》一文中两次写到张继焦。写到母亲的生活时,她这样写:"不过对继焦她格外关注。继焦该结婚了,母亲帮着他盖了房子,还向我借的钱。她说:'老焦把他救活了,现在只剩下我,我就得对他负责到底。'"这是借着张继焦来表达对焦裕禄的思念。徐俊雅真心地对待这个孩子,张继焦呢,也知道感恩,真心地对待徐俊雅,家里面的孩子都陆续出去工作了,张继焦作为"最小的孩子",即使结婚了,也三天两头地到家里吃饭,这让徐俊雅觉得家里有人气,不寂寞。这是徐俊雅心里最为安慰的事。

等到徐俊雅逝世后,她专门留了遗嘱,自己的积蓄一共几万元钱,一式七份,六个孩子一人一份。张继焦这个老七,也分到相同的一份。

焦守云在书中这样写了这一段:"2005年我母亲去世后,留下了一生的积蓄几万块钱。作为离休干部,又当过副县长,这点钱真不算多。大哥把我们七个召集到一起,把这笔钱分成七份。每人保留一份,其中的一份,给了张继焦。"

兰考人民哭悼焦裕禄

2016年11月22日,笔者抵达兰考县许河乡赵楼村采访了正在驻村扶贫的张继焦。他在乡下已经住了一年多了。每周一至周五必须住在村里,早晨要到所在的乡政府点名。两年里,他熟悉了村子里每一户人家的情况。收入多少,有什么困难需要帮助,是需要项目扶贫还是直接钱物救济,他都一清二楚。

张继焦住在村委会给他腾出来的一间房子里,房间重要的位置放着一张焦裕禄的照片。一见到笔者,他拿出一本焦守云写的《我的父亲焦裕禄》要送给笔者。刚好,前几天,我已经从焦裕禄纪念馆馆长陈百行那里拿到了一本。

他翻到书中的第190页,指着给我看,说,二姐写到了我。所以,这本书我一直放在身边。

村里的几个村干部坐在他房间里等着我采访。他们并不知道我要采访什么,以为是要采访村里的扶贫工作,所以,一个劲儿地说张继焦的工作做得好。

乡村的人际关系仍然是如此的朴实。我相信人的感情都是累积的,张继焦和徐俊雅以及焦家几个姐弟的关系,张继焦和村民的关系,也是这样。采访结束后,我要和张继焦合照一张。他立即将焦裕禄的照片从远处的桌子上拿到近处。他说,我干工作,心是诚的,不然,焦裕禄他老人家看着我呢。

他这样一说,立即让我觉得,他还真的是焦家的人。这个半路进入焦裕禄家庭的幸运儿,得到了焦裕禄和徐俊雅的无数的帮助,这种缘分有时候是说不清楚的。或许是命中注定,或许是后天的巧遇。但不论如何,张继焦,让焦裕禄的家庭生活有了另外的延伸。差不多,从一个陌生的农民的孩子张徐州变成张继焦,再变成焦家老七的过程,再一次证实了,焦裕禄在特殊年代的工作作风,也让徐俊雅的生命得到了延伸。而一个普通农民的孩子和县委书记有了这样的亲戚关系,这样的关系,在中国当代是很难想象的。焦裕禄救了张徐州的性命,这是出于人道主义的怜爱,或者是出于县委书记的责任心,但是,孩子的成长和亲情关系的延续,则完全是徐俊雅来完成的,离开焦裕禄的徐俊雅不再单纯地是六个孩子的母亲,她的身上,焦裕禄的标签更加显眼。尤其是1966年穆青、冯健和周原的文章发表以后,徐俊雅更是替焦裕禄在活着。对几个子女的教育也是如此,她常对孩子们说:将来你们如果工作不好,人们不会说你们是徐俊雅的孩子,而是说,你们是焦裕禄的孩子。

这便是焦裕禄离世以后焦家的真实处境:焦裕禄为了工作为了改变兰考而付出了生命代价的伟大,既成了几个孩子的荣耀,也成为他每一个孩子的压力的起点。

第七章
吃苦是财富,不能搞特殊:焦裕禄对孩子们的教育

一、女儿总觉得父亲不喜欢她

焦守凤出生于 1945 年,是焦裕禄和前妻郑氏所生。9 岁之后,焦守凤被焦裕禄接到了身边,从此以后和徐俊雅生活在一起,她便成了徐俊雅的大女儿。

1964 年 3 月,焦裕禄离世前夕,焦守凤已经报名考上了开封地区农村信用社的信贷员工作,当时正在开封读培训班。接到电话,才知道父亲已经到了郑州住院。于是她第一时间赶到了郑

州，见到了躺在病床上的父亲。焦守凤并不知道，这是最后一次见父亲。之前父亲对自己要求严格，她一直对父亲有些抵触，包括她这一次报名到开封地区农村信用社考试，她是自己偷偷摸摸报的，她怕父亲知道了，又要批评她挑剔工作。

焦守凤从12个报名考试的人中被录取，共录取了三个，所以，焦守凤对自己努力争取来的这份工作很是珍惜。见到焦裕禄以后，她告诉了父亲，说她现在正在参加开封地区农村信用社的学习班，正在学习基础知识。焦裕禄觉得她长大了，对焦守凤说，以后你自己选的路，要好好走，要给几个弟弟妹妹起到带头示范作用。

焦守凤第一次见焦裕禄时9岁，在此之前，她一直和奶奶生活在博山县北崮山村的老家。听说父亲要来接她到城里读书了，她充满了期待。在她的想象里，父亲一定是穿着干净而好看的干部服装，给她带好多好吃的。可是等焦裕禄来了以后，焦守凤失望了。焦裕禄不但没有带大包小包的好吃的东西，自己的衣服也是一身破旧得看不出颜色的干部服。当时村里的人听说焦裕禄在外面做了干部，都跑到焦家老院里和焦裕禄叙旧。结果，一看焦裕禄的服装，也都失望了，觉得他肯定也没有做太大的官，不然那衣服也不会那么破。

焦守凤有一个本村的叔叔看到焦裕禄的衣着，小声地对邻居说："看他在外面当了多年的干部啦，还穿得这么土气。"这话被焦裕禄听到了,焦裕禄笑了一笑,对大家说:"这衣服比过去我们当民兵的时候好多了,比起小时候我们去宿迁逃荒披的麻包片好到天上了。好衣服我要穿,等到大家都穿得好了,我自然也就穿得好了。"

这是焦裕禄第一次留给焦守凤的印象,他似乎不在乎叔叔们的嘲笑。

焦守凤在尉氏上小学四年级的时候,因为学习成绩好,担任了班干部。那个时候,焦守凤一心想好好学习,只喜欢跟班里学习好的学生们一起玩,不喜欢和成绩差的孩子交朋友。有一天,焦守凤请班里成绩很好的同学到她家里一起做作业,做作业的时候,焦守凤就对着同学点评班里的学生,谁谁比较笨。然后又劝那个同学以后不和那些笨学生玩,以免影响学习成绩。正说话间,焦裕禄下班回来了,正好听到焦守凤说同学的坏话,就笑着对焦守凤说,你们少先队员还闹不团结吗?

焦守凤不知道父亲听到了,脸红了。焦裕禄就坐下来,给焦守凤纠正她的价值观,说:"我们不应该不理学习不好或者有缺点的同学,而是应该主动帮助他们把学习搞好,帮助他们改正缺点,做个好孩子。"

在尉氏一中念初中的时候,焦守凤是班里的团支部书记,班里有一些同学想要申请入团,焦守凤又一次犯了完美主义的毛病,她觉得那些同学还不够积极进取,所以就不让人家入团。后来焦裕禄听说了这事,又一次给焦守凤上思想课。焦裕禄说,我们国家现在正在大搞建设,需要很多人才,需要大家共同携手工作。你现在的思想过于精英主义了。干革命工作两三个人可不行,需要大家一起,需要更多的人。所以你要多发展共青团员,积极地让更多的人来参加,这样以后搞活动,才会有气氛和效果。

焦守凤初中暑假假期很长,她在尉氏念书,想要回兰考和弟弟妹妹们一起玩一个暑假。可是焦裕禄却对她说:"你是团员,应该带头支持农业生产。麦秋假时,农村正需要劳动力。你如果回到家里来,既花费车钱,又没有什么事做。在那里参加劳动,既支援了农业,也是个锻炼。"

焦守凤一开始并不理解焦裕禄的这种希望自己的儿女们都能吃进去苦的心态,她正是叛逆期,总觉得父亲不喜欢自己,她有些想不通。

二、吃苦是父亲给女儿的财富

焦裕禄其实不仅仅是对焦守凤严格,对于其他几个孩子也是一样的。比如焦国庆要钱买练习本,焦裕禄会去检查他的本子用完了没有,如果没有用完,会将已经给过的钱再要回来。还有铅笔也是,焦裕禄为了鼓励孩子们将铅笔用完,他要求焦国庆、焦守云必须用短笔头来换新铅笔。

然而,焦守凤年纪最大,初中毕业后又面临人生的选择。

在《我的爸爸焦裕禄》一文中,焦守凤详细记录了她初中毕业后和爸爸的交流。

1963年夏天,焦裕禄给即将毕业的焦守凤写了一封信,告诉她,现在农村特别需要知识青年,希望焦守凤初中毕业以后,能带头到劳动第一线去,做中国第一代有文化的新型农民。当时焦守凤考高中没有考上,心情正不好,整天躲在房间里不出门。焦裕禄让她去农场干活,她不想去。她觉得自己上学这么多年,这么刻苦,学了这么多知识,结果和那些没有上学的一样,天天去地里种庄稼,那不是很屈才吗?所以,她不想去。

焦裕禄见焦守凤不想去农村,又退了一步,告诉她,可以到园艺场劳动,这样还可以学一些栽种果树的知识。焦守凤一听园艺场,动心了,她想着,在苹果园里吃苹果,在葡萄架下面摘葡萄,可以边吃水果边干活,这是一个轻闲的活。她便去了。然而,没想到的是,她去园艺场的时候,正赶上苹果熟了,要摘苹果。于是,她每一天都要干活很久,一天下来,累得腰酸背疼。她又受不了这重体力劳动了。一共干了七天,她打了退堂鼓。

焦裕禄有些生气,对焦守凤说,你这三天打鱼两天晒网,干这也不行,干那也挑剔,到底干什么好啊?

这个时候,县里各个单位听说焦书记的女儿中学毕业没有工作,于是便纷纷送来了招工的通知书。有小学教师,有邮电局的话务员。焦守凤想去这些地方。焦裕禄不同意,焦裕禄说,你刚参加工作就想脱离劳动人民,这对你以后的人生不好。我们祖祖辈辈都是热爱劳动的家庭,你也不能搞特殊。

于是,焦裕禄更加坚决地想让焦守凤参加一年的体力劳动工作,来改造一下她这种娇小姐的脾气。

焦守凤这一段时间充满了气愤,总觉得父亲处处针对她,一点也不会为她的前途着想,不但不帮着她找一份好工作,还老想着把她往农村去赶。

焦裕禄知道她不服气,就在某个晚上对焦守凤进行了一场苦难和家史教育。焦裕禄的意思是说,现在你的工作吃苦了,将来进到城里来了,什么样的困难都不会影响你进步。而现在如果你进到一个轻松的单位,将来有一天该你吃苦了,你吃不了那个苦头,还不是得换工作?那是害了你。

焦守凤同意了焦裕禄的安排,焦守凤到了县食品加工厂上班,当临时工。焦裕禄还专门交代了一句,要把焦守凤安排到厂里最苦最累的组。于是焦守凤到了食品厂的酱菜组。焦裕禄对厂长说:"你们不要以为这是我的女儿,就另眼看待。应该对她要求得严一些。"

说是那样说,焦裕禄还是担心焦守凤到了食品厂以后也像在园艺场一样,干不了几天又撂挑子不干了。所以,中间有一天,焦裕禄还专门到加工厂里来找焦守凤,说是要带她看一场戏。焦守凤有些意外,跟着去看了,原来是看县剧团排演的豫剧《朝阳沟》。看完戏以后,焦裕禄对焦守凤说,你看看戏里的故事,再结合一下你自己的工作,写一个看后感。

焦守凤看的时候也很受感动,但是要是真的结合自己,她还是不太乐意向朝阳沟里的人物学习。怎么说呢,焦守凤觉得,戏里的人是戏里,我们看看,受感动也就算了,真的要学她做不到。所以,只好在看后感里随便给父亲写了一下。

焦裕禄一看她写的全是口号,就说不行,你这写的没有一句真情实感。

焦守凤那个时候的思想还没有转过弯来呢,只是在语言上表明,她已经长大了,懂事了,不想再顶撞父亲,惹他生气。只好顺着他的意思说和做,但在内心里,她已经打定了主意。

果然过了不多久,有一个农村信用社的信贷员招聘考试,她偷偷报名参加,被录取了。

被录取之前,她一直不敢对家里人说,因为她怕给家里说了,然后父亲知道了,又不愿意。所以,她想等事情定下来再和爸爸说。反正是她自己争取的,爸爸应该也不会太过反对。

三、铅笔头用多短才算用完

焦裕禄去世的时候,长子焦国庆已经 13 岁了。他对焦裕禄的严格也有很多记忆。

焦国庆上小学的时候,热爱学习,但用铅笔很费。每一次写字的时候总是将铅笔头削得很细,这样铅笔就不耐用,抄一篇课文就要削好几次铅笔。那个时候,他不喜欢用短铅笔,铅笔一短,握在手里用着不舒服,就扔掉了。焦裕禄发现他老是要钱买铅笔,嫌他用得有些快,就问他,你用过的铅笔头呢?我看看还能用吗。焦国庆一愣,铅笔头早扔了。就告诉爸爸,说,扔了。焦裕禄说,以后啊,你要用你的旧铅笔来换新的,我买好铅笔等着你来换。焦国庆只好答应了。

等到有一次焦国庆觉得铅笔实在用得很短了,他拿着用短的铅笔找焦裕禄来换,想着爸爸一定会表扬一下自己。哪知道,焦裕禄一看,给铅笔头套上了一个铅笔帽,说,这不是拿在手里还能用吗?说着还给焦国庆示范了一下。焦国庆只好又拿回去用了几天,等到手实在拿不住了,才又找焦裕禄换。焦裕禄看着只有花生仁大小的铅笔头,终于给焦国庆换了一支新铅笔。焦国庆就小声嘟囔着说爸爸太抠索了。焦裕禄听到了焦国庆的抱怨,大声地笑了,对焦国庆说:"别看铅笔小,这是经过很多工人叔叔劳动才制成的。别人的劳动成果我们都应该爱惜。再说全国有多少学生,要都像你这样不节约铅笔,一年得多生产多少铅笔呀。"

焦国庆的铅笔的事情解决了,他马上又向焦裕禄提出了新的要求。他需要一个文具盒。班里面大多数同学都有了文具盒,就他没有,没有文具盒,他的铅笔经常在书包里被折断,也是一种浪费。焦裕禄答应了他的要求。但是并没有给他买文具盒,而是要给他亲自动手做一个。这让焦国庆充满了期待,爸爸会做文具盒?

晚上下班回来,焦裕禄就到邻居家里借了小锯子和木锉刀,用木板给焦国庆做了一个文具盒。做好以后,还用纸在文具盒的面上粘上"好好学习、热爱劳动"八个字。

焦守军小名叫玲玲,因为出生的时候哭的声音很大,像个铃铛一样,所以焦裕禄给她取了个欢乐的名字。玲玲比焦国庆小4岁,她刚开始上学的时候,也吵着焦裕禄给她买文具盒、买钢笔。玲玲刚上小学一年级,用不着钢笔,只需要铅笔就行了,所以焦裕禄没有给她买。焦裕禄对玲玲说:"你还小,等你长大了爸爸一定给你买。"

玲玲有一天放学路上捡到了一支钢笔,她觉得爸爸不给她买钢笔,现在捡到一支钢笔总可以用了吧。

焦跃进发现了姐姐玲玲捡到钢笔不上交老师,就告诉了爸爸。

焦裕禄就耐心地给玲玲做工作,说,你那么喜欢钢笔,假如有一天,你买的钢笔丢了,别人捡到了不还给你,你会不会很难过?你是不是也希望捡到你钢笔的同学能还给你啊?

玲玲觉得爸爸说的话有道理,就将捡到的钢笔交给了老师。

照理说,一支铅笔一支钢笔对于焦裕禄那个时候的工资来说,还是很微不足道的。然而,焦裕禄对孩子的这种严格要求和焦国庆所说的"抠门",是那个时代独有的氛围。除了物产的贫乏以外,那个时候,人们普遍对饥饿恐惧,所以,做任何事情都不敢浪费,甚至从内心里觉得如果浪费了,会受到大自然的报应。

焦国庆在回忆焦裕禄的文章里曾经说过一件有趣的事情,也是关于焦裕禄是如何教育自己的子女的。

焦守云和焦守凤一样,出生以后也被送到了山东博山老家和奶奶一起生活了八九年的时间。一直到9岁该上学了(那时候上学的时间有些晚)才接到了城里。在山东老家的时候,跟着奶奶生活的焦守云很能吃苦,拾柴火,薅野菜,帮奶奶做了不少活。到了城里以后,焦守云也是如此,很勤快,吃完饭以后,帮着妈妈收拾桌子,打扫卫生。只要是她能做的,从不用爸爸妈妈支使。徐俊雅要洗衣服,她还帮着妈妈提水、搓衣服。而小妹玲玲并没有在奶奶家里生活过,从小跟着焦裕禄徐俊雅在城里长大,所以,从小便喜欢干爸爸妈妈能看得见的活。夏天的时候,焦裕禄一下班,玲玲就会给爸爸打一盆洗脸水。

有一天晚上,焦裕禄把几个孩子叫在身边,问他们,你们知道干家务活是为了什么吗?

焦国庆正是调皮的年纪,嘲笑玲玲,对焦裕禄说,干家务活就是讨爸爸妈妈喜欢啊。焦裕禄看到他们都不再说话,就教育他们,你们在家里帮着姥姥和妈妈干家务活,爸爸妈妈是开心的。守云因为在老家山东养成了好习惯,干活非常踏实,值得你们学习。现在是为家里人干活,长大了一定可以为更多的人服务。如果你们干活老想着被爸爸妈妈看到,然后想让爸爸妈妈表扬,那么干活就会不专心。不专心干活,也就不会有什么成果。所以,干活的时候就是要老老实实干。这虽然是小事,但是长大了,做什么事情你们都踏踏实实地,一定会成功的,也一定会得到表扬的。

焦裕禄的话一下子刺激了小妹妹玲玲,从那以后,她再也不管是不是爸爸妈妈在家里,凡是有家务活了,她都抢着干。焦裕禄看在眼里,很高兴,就表扬她懂事了,明白了道理。就这样,焦裕禄鼓励孩子们相互比赛,把家里的劳动给分配好,既省了徐俊雅和岳母的力气,也锻炼了孩子吃苦的能力。

四、扔在地上的馍该如何让孩子吃了

还有那个著名的"一块豆面馍"的故事,也是焦裕禄教育孩子的一个广为人知的故事。

1963年春节前后,才5岁的焦跃进不喜欢豆面馍,嫌它太硬了,面又粗,不好下咽,吃了几口随手扔在了屋门外。刚好下班回家的焦裕禄发现了那块咬了一口的豆面馍,就捡起来放在了煤炉边上烤着。他一猜就知道是焦跃进干的,他年纪小,当然是什么好吃什么,这也不能怪他。可是1963年的兰考还没有摆脱饥荒的困扰,农村里仍然有大量的农民因为粮食不够吃,而不得不在农闲的时候外出到陇海铁路的沿线去讨饭。

在这样的情况下,焦裕禄拿一块被孩子扔在地上的馍来做一堂教育课,是有他的道理的。他把几个孩子叫到身边,问那被他捡起来的豆面馍是谁扔的。焦跃进稚嫩地回答是他扔的。焦裕禄没有生气,而是问焦跃进,你们幼儿园里的阿姨教你唱的《我是一粒米》那支歌,你还会唱吗?焦跃进点头,天真地唱起了歌:"我是一粒米,大家要爱惜。一粒米呀一粒米,来得不容易,农民伯伯早起晚睡每天去种地。小朋友啊,吃饭要注意。"焦跃进才5岁,虽然会唱歌,可是他并不能体会这歌里的意思。唱完了,他还等着焦裕禄鼓掌表扬他呢。

焦裕禄问他,你唱得很好听,可是你知道这支歌的意思吗?

焦跃进说,我知道,阿姨说过,粮食是农民伯伯辛苦种出来的,我们要爱惜粮食。

焦裕禄笑了,说,那你爱惜粮食了吗?焦裕禄指了一下那块被他扔掉的馍。焦跃进好像懂得了焦裕禄的意思,知道自己错了,低着头不说话。

焦裕禄趁机问焦跃进为什么要扔掉这块馍。小跃进低声说,它不好吃。

焦裕禄将他小时候饥饿的遭遇又给孩子们讲了一遍。他小的时候,别说豆面馍,就是连野菜都吃不饱。如果想要吃饱饭,就只能到煤窑里当小工。可是,在煤窑里干活,一天要干十几个钟头,累得身体都快散架了。可是干这么长时间,一天只能挣一斤橡子面。

焦跃进和焦国庆都没有吃过橡子面,问焦裕禄,橡子面好吃吗?

焦裕禄说,橡子面本来就不是粮食,是用来喂猪的饲料。人吃到肚子里,不但不顶饥饿,还烧心得厉害。那时候,家里的庄稼绝收了,收的粮食又被日本人和汉奸强行征收走了一大部分,一家人根本活不下去。正是在这样的情况下,你们的爷爷借了地主家的高利贷买了粮食。哪知道,家里的油坊生意不好,地里的庄稼也没有好收成,结果利息越滚越高,爷爷受不了地主天天来催债,上吊死了。

听到这里,焦跃进和焦国庆几个孩子一下子哭了。原来爸爸小时候所吃的苦才是真正的苦,他们现在吃不上好面的馍,但毕竟能吃饱饭,爸爸可是从来没有吃饱过肚子。经过这一次的教育,几个孩子对食物都不再挑剔。焦跃进听话地将他扔了的那一块豆面馍拿起来吃掉了。

五、让孩子们有公德心,而不是占便宜

焦裕禄对子女的教育,从今天的价值观来看,有些过于苛刻了。他的几个孩子,作为县委书记的儿女们,已经很能吃苦和自觉了,已经非常难得和珍贵了。今天的独生子女生活在一个物质非常丰富的时代,处处所能体味到的不再是父母亲的限制,而是鼓励和赞美。今天我们对孩子的教育思维已经变成了"好孩子是

夸出来的"。这一方面是因为独生子女的心理承受能力和过去比较退步很大；另一方面是因为，在人性的维度上，我们的教育理念的确和过去有了完全不同的变化。

在焦裕禄生活的时代，当时的价值观是全心全意地为他人奉献，要求大家大公无私，这是主流的价值观。现在的社会呢，主流价值观已经完全变化，家长要求孩子不再是天天去奉献，而是讲有自己的判断。鼓励孩子自己独立思考，既要学会与大家分享自己的知识和拥有，也要学会在纷繁的社会生活中更快更好地获得成功。对，现在是一个成功学更为主流的价值观时代。所有的家长更关注的是孩子学的东西将来有没有用，能不能出色地就业，或者获得成功。而成功的标准便是如何快速地累积财富。

这和过去相比已经发生了巨大的变化。过去的家长让孩子们去吃苦，做最脏最累的活，目的是为了以后遇到苦不怕苦。现在呢，家长们普遍认为，只有没有什么学历和技术的人才会去做吃苦的工作。

焦裕禄对焦守凤的要求是到农村去劳动，源于当时的要吃苦耐劳、做共产主义接班人的主流认知。必须还要再补充的是，焦裕禄不希望自己的孩子因为自己是县委书记而享受到他带来的就业福利。那些为了讨好他而向他们家里送来工作表格的单位，被焦裕禄一一拒绝，这是因为焦裕禄有着个人的政治理想。是的，他不允许自己因为子女的工作，而被一个下属单位绑架。一旦自己女儿的工作受到某个单位的照顾,那么,这就意味着有了利益的交换。比如说,在接下来的工作里,焦裕禄是不是要照顾女儿单位这位领导呢?

当时的焦裕禄刚刚到达兰考工作不到一年的时间,他面临的难题除了兰考的"三害",还有就是重新让兰考各级干部有工作的动力。他需要获得整个兰考县委甚至是政府各个机关的信任。而这一信任不仅仅是职务上的,更是道德上的。那么,这种道德必须是延伸的。由他对自己的道德要求,逐渐延伸至他对身边的同事的要求,以及对家人的要求。

焦守凤在回忆录里曾写到过一个细节。就是家里的开水没有了,如果烧开水,用煤炉子会很慢。几个小孩子渴得不行,想要提着水壶到县委机关的热水炉那里去打开水。焦裕禄不同意,说,县委的开水是给工作人员用的,烧的煤也是扣了工作人员的钱。我们不拿钱就去取水,就是占集体的便宜。

这种不占公家便宜的心理,现在来说,也是非常珍贵的。这是一种公德心。如果所有住在家属院里的人家都去县委机关里打开水喝,那么,秩序就会出问题。不但不能正常保障工作人员的开水供应,烧开水所用的煤也一定不够用。这一系列的无序都是由这些热爱占便宜的私心开始的。

焦裕禄对孩子的教育看似停在保护自己的道德荣誉感,实则是一种超越时代的公民精神。这种精神,在中国当下也非常珍贵。

焦裕禄对大女儿焦守凤的严厉,曾经造成了焦守凤的逆反心理,现在看来也是正常的。尽管焦守凤生活在那个物质非常贫乏的时代,但是一个女孩到了一定年龄,正常而健康的心理是追求美的。焦裕禄显然忽略了少女时期的这一特征,他总觉得一个女孩子爱美就是罪过,就是不能吃苦。这其实是那个年代的主流价值观对个体的挤压。

然而,当焦守凤在农村干活太累,不想待在农村的时候,焦裕禄又一次让女儿到县食品厂最为吃苦的一个组——酱菜组去做工。这所有的教育,都是出于一种严格自我约束的家风。毫无疑问,他爱自己的女儿,他怕自己的女儿成为一个只会享受,不懂得吃苦努力的女孩子。可能焦裕禄应该考虑到,焦守凤是自己和前妻所生的女儿,她毕竟和焦守云、焦国庆他们不同。在他们后来的家庭里,不论她和弟弟妹妹们的关系如何融洽,如果焦裕禄对她的要求过度严格的话,就会让焦守凤感觉到父亲是在挑剔她,甚至是嫌弃她。

然而严于律己、胸怀天下的焦裕禄不允许自己这样照顾女儿的小心思,他以爱的名义督促着女儿们吃苦、上进,他以自己吃苦的经历给孩子们当教材,让他们明白,只要比别人能吃苦,没有什么困难是不能战胜的。

这个世界上,父母亲大都是爱孩子的。只是爱孩子的方式不同,有的父母亲慈爱,有的父母亲严格。而焦裕禄恰好就是一位严格的父亲。他的一生,虽然短暂,却在那个时代发出了他个人最大的光。作为一名干部,他为他的理想,付出了他全部的心血。或者,这就是他给孩子们最为宝贵的教育。

第八章
永远朴素,永远热爱生活:焦裕禄后代的现状

2017年5月18日,笔者第三次与焦守云老师见面。焦守云老师刚刚从海南三沙回来,而第二天,她又要奔赴外地去做一场关于父亲的演讲。

只有一个下午的时间。

自然只能就家风的主题进行专访。

焦守云说焦家的家风,首先要说到奶奶。是奶奶守寡多年带大了焦裕禄兄弟两个,她虽然是一个小脚老太太,却也是焦家家风的传承者。父亲焦裕禄去世后,继续传承焦家家风的,自然是

母亲徐俊雅。等到焦守云兄妹六人长大以后,最先工作的是大姐焦守凤,那么,焦守凤便又成了焦裕禄家风的传承人。而这多年来,他们焦家这六兄妹,一个个成家立业,并又有了孩子。所以,每一个人都是焦裕禄家风的传承人。

焦守云说,我父亲焦裕禄乐观,那么苦的日子,都被他唱成了歌谣,给我们兄妹几个人听。父亲的好嗓子遗传给了他们兄妹几个。焦守云的嗓子就不错,当兵的时候,她可是文工团的独唱演员。后来,她又将自己的好嗓子遗传给了儿子余音,这不,余音不负母亲的期望,终于成功考入音乐学院,并成为中国知名的专业歌剧演员。

焦守云说,焦跃进的嗓子也好,唱歌特别好听。只可惜他从了政,不然,唱歌是好样的。焦跃进是焦家几个孩子中经历和焦裕禄最像的。所以,母亲很喜欢他,也对他要求最严。

奶奶是一个体面的人,比如她如果洗脸,一定会将外衣脱下来再洗。洗好了,擦干净了脸,才将外衣穿上。这样外人看起来干净,身上没有水滴。焦裕禄小时候进门和出门之前,奶奶都要用一个小扫帚打扫一下孩子的身上,这就是教养。虽然那时候家道已经衰落了,但是奶奶仍然将孩子打理得一丝不苟。

焦家的家风到了母亲徐俊雅这里,便沉郁了许多,因为丈夫早逝,年轻的徐俊雅哭坏了眼睛。她虽然看起来很柔弱,可是内心里很要强。怕孩子们长大了会做出对不起焦裕禄的事情,所以她对孩子们要求极为严格。徐俊雅常常被全国各地邀请去做焦裕禄事迹的演讲。有时候,家里最小的孩子就会被寄存在幼儿园里。等到徐俊雅演讲回来后,孩子长了一身的虱子。徐俊雅也不求人,自己给孩子洗澡换衣服。从来没有因此给组织提过一点要求。

说起焦守凤,焦守云特别羡慕的是大姐和姐夫的爱情。焦守云说,除了母亲,大姐也是焦家家风重要的坚守者和传承者。大姐一辈子严格要求自己,孩子下岗了,不敢和组织说,怕有人说她利用焦裕禄的影响为自己谋福利。只好自己提前退休,将岗位空下来,让孩子接了班。焦守云口中的大姐夫妻的恩爱,是指姐夫对姐姐的依赖。两个人都很大年纪了。有一阵子,焦守凤生病住院,焦守云去看望姐姐,发现姐夫在抹眼泪。一问,说是想念姐姐了。才几天没有见面,姐夫就像个孩子一样哭了。焦守云当时觉得又好笑又感动。两口子一辈子没有吵过架,到老了姐夫还对姐姐像初恋一样,她笑着说,这就是真爱了。

而大哥焦国庆在焦守云的眼里特别的亲,父亲离世得早,大哥特别像一个父亲。大哥差不多是一个与世无争的人,不爱争强好胜,也不爱麻烦别人,基本上是安静的人。但是,焦守云喜欢热闹,所以,她只要一去大哥家里,他们家里就会热闹起来。焦守云后来发现,大哥虽然自己不喜欢凑热闹,但他喜欢看到自己的妹妹在家里热闹一下。

焦守云在家里的六兄妹中排行老三,儿子余音十岁时,她成为单亲母亲。接下来,母子两个相依为命。焦守云说,她骄傲于自己对儿子的培养。父亲焦裕禄在文艺上的天赋遗传给了焦守云一部分,而焦守云觉得余音也遗传了她的文艺天赋。比如学音乐,他从不腻烦。让自己的儿子学音乐,这也有向自己的老父亲靠近的意思。在焦守云的印象里,父亲的歌声是那么明快响亮。余音从发音开始练习起,到一步步努力,考上中国音乐学院,并在毕业后成为一个专业歌剧演员。这中间花费了焦守云多少心血!而每一点每一滴的教育和关注,无不体现着焦家的家风。那就是,既然爱一行,就要钻一行;既然钻一行,就要精一行。

焦守云的妹妹玲玲在参军时改名成了守军,这一改果真成了现实,焦守军一辈子在部队里工作,一直到退休。

大弟焦跃进是焦家子女中另一个名人。如果说焦守云是焦二代的新闻发言人,那么,焦跃进便是焦家的形象代言人。焦跃进在北京卖大蒜一举成名,而后又做了杞县的县委书记,成为焦家第二个县委书记。对于这个和父亲有很多相似之处的弟弟,焦守云是这样评价的:"三兄弟中,他能力最强。如果没有父亲这一层关系的制约,他可能比现在发展得要好。"

而最让焦守云感到遗憾的,自然是年纪最小的兄弟焦保钢了。英年早逝的他,一度成为焦家聚会时难过的敏感词。好在,他的一双儿女都很争气。

焦守云在很多个场合都讲过焦裕禄的家风,而他们这些子女也都是按照父亲的意愿去做的,去完成的。她这样说:我们的家风,第一条是,从小培养劳动观念。干不了大事干小事,干不了重活儿干轻活儿,孩子们一定要参加劳动,不能不劳而获。第二条家风,是艰苦朴素,不追求奢侈和享受。第三条家风,是领导干部的孩子不能搞特殊化。

在焦裕禄家风的影响下,这些孩子现在的日子都过得怎么样呢?下面的文字,或者能呈现切片一二。

一、焦守云,焦裕禄精神的宣传员

2017年5月,焦守云的日程安排得很紧密,除了常规去兰考焦裕禄干部学院做讲座之外,还去了一趟三沙。在她的计划里,还要再去一趟漠河北极村那里,目的都是帮着人民日报出版社做一个以父亲焦裕禄命名的书屋。

让焦守云最为得意的是她的儿子余音,这个80后的小伙子,由一开始充满理想主义地单纯地追求音乐上的创造性,到渐渐理解母亲,理解自己的外公,他也加入到母亲宣传外公的行列,不同的是,他用的是音乐的方式。而关于母子两个一起宣传焦裕禄精神,要从三年前开始说起。

2014年5月14日是焦裕禄逝世五十周年的纪念日。在这之前不久,由多家制作单位推出的音乐剧《焦裕禄》已经在北京正式演出了。剧中的主要演员之一为中国歌剧舞剧院男中音演员余音,也就是焦裕禄的亲外孙。余音在剧中饰演现实生活中被焦裕禄救下来的一个改名为"张继焦"的人。

他的扎实的演唱和动情的演出赢得了不少80后以及90后观众的掌声。坐在台下观看的焦守云更是感慨万千。为了这部音乐剧,焦守云在剧组和余音驻守了多日,她用了自己全部的真诚来给这群专业的导演和制作人提供焦裕禄的资料。她希望他们能排演出一部让这个时代所有的人都感动的《焦裕禄》。

音乐剧《焦裕禄》由开封中艺文化产业发展有限公司与北京时代新纪元文化传播有限公司、北京中文嘉视演艺文化有限公司共同打造。这部剧几乎集结了国内舞台剧制作方面的顶尖团队,

1966年2月26日,焦裕禄同志遗体迁葬兰考

由吴楠担任总导演,妮南编剧作词,刘彤作曲,李雪健担任艺术总监。剧中焦裕禄的扮演者是国家话剧院演员侯岩松,余音除了扮演自己的"舅舅"张继焦这个角色之外,还做着提供焦裕禄相关信息的工作。

"每当太阳升起,朝霞染红大地,我总想来看看你,想和你说说今昔。"这是大幕拉开的第一段唱词。唱这首歌的人叫"继焦",是1963年冬天焦裕禄救下的孩子。音乐剧也从他的这一段唱词开始进入了焦裕禄的故事……扮演者是焦裕禄的外孙,1980年出生的余音。

为了做观众调查,余音专门请了不少90后的朋友来做打分观众,余音让他们根据自己真实的感受打分。没有想到的是,演出结束后,那些90后观众偷偷发了朋友圈赞美了他们的演出。他们的努力成功了。

这一年,在接受《时代周报》记者采访的时候,焦守云将自己写给父亲的一封信一并拿去发表了。她的信是代表自己的兄弟和姐妹们一起写的,这封信是向父亲汇报他们这些子女这些年的生活状况,充满了感情。笔者全文摘录如下:

亲爱的父亲:

如今的焦家已经四世同堂,是一个27人的大家庭,这个家庭温暖幸福。您知不知道,这么多年,您的儿女们是多么的想念您啊!

母亲2005年带着劳累走了,我们没有挽留住她去寻找您的脚步。您去世的时候母亲还那么年轻,40年的辛苦和劳累伴随了她大半辈子。我们6个子女让她操了多少心,受了多少累,长大后的我们却怎么也弥补不了她对我们的付出。

您去世后,我们过了一个又一个没有鞭炮没有欢笑的春节。我们最怕过春节,也最怕清明节。那几年,每年的除夕夜,母亲都是流着泪包一整夜的饺子。大年初一给我们下完饺子后,她却不吃不喝地躺上一整天。我们心里清楚,母亲是在想念您啊!每到清明节,母亲手把着我们的小手给您扫墓,她有几次哭得昏倒在您的墓前,不得不让人搀着她回家,那情景让每一个人都心痛。

您去世后,我们一直记得您临终前的嘱托,日子再苦再难也没有伸手向组织上要补助、要救济。您的六个孩子,如今最小的也人到中年了。过了不惑之年的我们,同样也是食人间烟火的普通人。像其他人一样,我们也面临着"票子""房子""孩子"等种种生活中的难题。家中一样有人下岗,有人待业。虽然也有人当上了"七品"县官,但大多数都在普通的工作岗位上踏踏实实地工作着。生活中的我们无论过得好与不好,我们都记住您的教诲,靠自己本事生活。我们姊妹6人都是共产党员,我们都可以无愧地对您说,我们都是您的好儿女。

今年,是您的50周年祭日,这50年来,我们对您的追思常常泪湿衣衫。每每回想起童年记忆中的您,以及您和母亲之间的那种挚爱深情,总会在内心深处涌起一股浓浓的思念之情。

如果您活着,您也一定对我们这个四世同堂的大家庭而喜不自禁,酷爱唱歌的您一定会指挥我们一家近30口人一起高唱《黄河大合唱》,我们也会把工作生活的事情常说给您听听。

如果您活着,您也会为党和国家给我们这个小家庭的关心而倍感欣慰。习近平主席专门来兰考,参观了您生活、工作的地方,还与我们围坐在一起,亲切地询问着我们工作生活的点点滴滴。习主席说,见到我们很高兴、很亲切,就像见到自己家里人一样。

如果您活着,您一定不会离开兰考。您太爱兰考这片土地了,一草一木、一沟一壑您都用脚丈量过。现在您所牵挂的这片土地也变得富饶美丽,您爱兰考的乡亲,他们一定会像走亲戚一样来看您……

可是父亲走了,已经走了很久了。但我们知道您没有走远,没有走出兰考。或许您太累了,躺在兰考温暖而柔软的沙丘上歇息。白色的大理石棺椁没有隔断我们,我们还能清晰地看到您的影子。

我们想念您,亲爱的父亲!

女儿焦守云代笔

一直以来,焦守云是焦家六个子女的新闻发言人。她也的确幸运,在"文革"刚开始的时候,只有13岁的她登上了天安门城楼接受毛泽东、周恩来等党和国家领导人的接见。

1966年9月15日,毛主席第三次登上天安门城楼检阅红卫兵。当时焦守云和姐姐焦守凤都被选为学生代表来到了北京。

9月15日清晨,焦守云和老师同学们一早就戴着"红卫兵"袖章,拿着语录本,随清华的学生排着队唱着语录歌向天安门广场进发。那时的天安门广场已经有数万红卫兵,飘扬着无数的红旗,像一片红海洋。焦守云刚到天安门广场不久,便有人知道了她的身份。大家开始围着她问东问西,有的要与她合影留念,有的拿着纪念册让她签名留念。

1966年2月6日下午,因为中央人民广播电台著名主持人齐越的连续报道,焦裕禄的事迹已经传到了全国各地。全国掀起一股又一股学习焦裕禄的浪潮。所以当焦裕禄的小女儿在天安门广场的消息传开,一传十十传百,很快便有人传到了在天安门城楼上的周总理那里。

焦守云正和学生们热情地向主席招手,有一个大学生模样的人挤过来找到她,对她说:"总理要你上天安门城楼。"焦守云高兴坏了,心里想,终于可以和主席合一张影了。

大学生带她到金水桥的桥头,一个工作人员在那里等着她。工作人员持一个通行证带着她又走到了城楼的登楼口,在那里又有一位工作人员从楼上下来,专门接焦守云上了楼。焦守云见到了正在城楼上休息大厅里休息的周恩来、邓小平、陈云、王光美等人。

周总理关心地问焦守云年纪,读了几年级,以及她妈妈的身体好不好,兰考现在变化得怎么样了。

焦守云在城楼坐了很久,一直等到下午的四五点钟,毛主席才来到了天安门城楼。毛主席当时穿着草绿色军服,戴着军帽。主席上来以后,挥着手向广场上的红卫兵问好。

是刘少奇的夫人王光美在人群中发现了焦守云。她将焦守云拉到了毛主席的面前,对主席说,这就是县委书记的模范焦裕禄的小女儿焦守云。广场上的欢呼声太大了,毛主席第一次没有听清是谁。王光美只好又大声对着毛主席的耳朵说了一次。这次毛主席听清楚了,抬手招呼焦守云过去。然后,毛主席拉着焦守云一起合照。合照完毕后,毛主席又拉着焦守云的手走向了观礼台,向广场上的红卫兵们致意。

后来,焦守云和毛主席握手,以及和毛主席、周总理等党和国家领导人的合影发在《人民日报》最为显眼的位置。

她和主席合影的照片,比父亲在《人民日报》头版的照片所占的位置还要大。一时间,兰考县的官员和群众也沸腾了。

就在《人民日报》报道完的第二天,焦守云成为全国知名的政治小明星,一时间,北京、武汉、广州等地排着队邀请她到那里去作报告,主要是让她介绍毛主席对她的接见,以及她父亲的感人故事。

等到焦守云从天津回到兰考的那一天,兰考县政府机关和群众有许多人自发地到火车站去迎接焦守云,他们还把《人民日报》上发表的照片做成一个大招牌,举着来迎接焦守云。焦守云说了一句经典的笑话:所有到场迎接焦守云的人,都是要来和她握手的。因为她的那双手被毛主席握过,所以,他们要握一握主席握过的手,以示纪念。

焦守云的幸运还没有结束。1968年春天一过,15岁刚刚初中毕业的焦守云和她的哥哥焦国庆同一天去参了军。刚到部队时,焦守云还是一身的孩子气。她是通信兵,训练并不紧张。有一天他们电话连的几个男战士爬到树上去掏鸟窝,她正好看到了,也跟上去凑热闹。男兵们照顾她,将抓到的小鸟给了她一只。焦守云很喜欢,专门为小鸟买了一个小笼子,一有时间就跑回宿舍给它喂吃的喝的。结果因为她喂小鸟的时候不在岗位上,被领导知道了,对她一阵批评教育。本来该评她是"五好战士"呢,资格也取消了。这一次的养鸟事件,对她的影响很大。从那以后,焦守云严守部队的纪律，比别的战士都能吃苦，该她记下的1000多个电话号码她背得滚瓜烂熟。因为表现出色，当兵的第二年她就当了班长。

1971年焦守云刚刚18岁，就加入了共产党。当时焦守云考上了部队上的护士学校。从护校回到医院后，她积极要求到传染科，因为传染科工作性质危险，大家都不愿意去。她想起父亲对她的教导，不怕苦。不怕苦还真的有好处。不久后的一天，医院里开党员大会，没有通知她去开，她在病房里纳闷，心想，是不是哪里又做得不好了？结果散会后，院长单独来找她，说："你快些去准备准备，我们去北京开会。"

一直到焦守云上了飞机，空军部队的领导才告诉她，说是去北京参加党的十大。焦守云一听激动坏了，天上掉下来个喜讯，她竟然成了党的十大代表。

这次参加十大会议，她是军区代表团年龄最小的代表。她的领导对她说，可能她也是那次党代会年纪最小的代表。

1978年，焦守云转业到了郑州科技情报研究所，一直在这里工作到退休。1980年儿子余音出生后，焦守云将大量的精力用在培养儿子上。孩子10岁时，焦守云成了单亲母亲，日子一度过得很艰难。"后来倾家荡产培养儿子上学，儿子从中国音乐学院毕业，现在在中国歌剧舞剧院。"她说，儿子成才，对她来说是个很大的安慰。

焦守凤在接受笔者采访的时候,也说过妹妹为了培养儿子余音学习唱歌(声乐)吃尽了苦头的事情。

1997年4月,京九文化列车途经兰考,在慰问演出时有心人将正学习声乐的余音领到了著名歌唱家吴雁泽面前。余音当场唱了一首吴雁泽的成名曲,完成得很好,得到了吴雁泽的首肯。随行的中央电视台《焦点访谈》栏目的记者想促成一段佳话,在旁边给余音敲边鼓,对吴雁泽老师说:"您看看,这余音和您长得也像,唱得也像,不如收他为徒吧。"

吴雁泽当然是被焦裕禄的事迹感动过的一代人,而且焦裕禄的老家博山县离吴雁泽的老家很近。这种种机缘让吴雁泽也有了爱惜余音的冲动,身为中国音乐家协会党组书记的他,破天荒地当众宣布接受余音为他的校外学生。这个收徒的新闻在中央电视台播出后,引起了全国的轰动。

从1998年的暑假开始,焦守云开始带着余音到北京正式学习声乐。因为吴雁泽的工作太忙,主要由他的夫人授课。焦守云和余音租住在一个半废弃的四合院里,所有的生活用品是砖头垒的土炕和破棉被。

然而这样奔波的生活才刚刚开始。接下来,每隔两周,余音便要到中央音乐学院接受一位教授的培训。后来,河南歌舞剧团的一位老师听说了,义务辅导余音的声乐。那几年,焦守云的经济紧张,日子过得捉襟见肘。文化部的几位部长听说了焦守云母子的贫困情况，特批了5000元的部长基金来资助余音学习。这是焦守云这么多年来第一次接受捐赠，不是为了生活，而是为了孩子的学习。

余音刚开始学习声乐的时候，焦守云每次都带着余音坐火车到北京，再后来，余音熟悉了路线，为了节省路费，焦守云试着让余音一个人去。余音拿着小本子记着火车的时间表，记着地铁路线，然后找到老师家里。焦守云几乎将自己所有的积蓄都用在了孩子的音乐学习上，好在儿子有音乐天赋，经过多年的付出，1999年，余音以优异的成绩考入了中国音乐学院。对焦守云来说，这也是一个多年努力的福报。再没有什么幸福比儿子的成功更让她感到欣慰，多年来日复一日地坚持，如今终于可以松口气了。

余音从中国音乐学院毕业后，因为成绩优异，被分配至中央歌剧舞剧院做中音歌唱演员。儿子有了工作以后，焦守云仍然一心一意地支持着儿子的工作，一旦儿子参与排练与焦裕禄相关的歌剧或者音乐剧，她总是做义务的顾问。

在接受笔者采访时，焦守云这样说她作为焦裕禄女儿的感受："作为焦裕禄的后代，我们的一举一动、一言一行都被人们盯在眼里说在口里。你说得好一点做得好一点，他们说那是应该的。你稍微有点那个，他们就会说：'你看，还是焦裕禄的子女哩。'他们总想拿我们当演员,要求唱功和做功都要像咱爸那样十全十美。当然,咱们有这么好的一个爸爸是值得骄傲和自豪的,但大家处处要求我们像他一样那确实很难做到。可以这样说,父亲的精神值得我们学习和继承,我们虽然不能做到一代胜一代,没有能力给他增光,但也没有给他抹黑。咱们兄弟姐妹6个,都不是大红大紫。为了让大家看我们真实一点,我们在各自的工作岗位上干的是普普通通的事,做的是大家眼皮底下普普通通的人。我们家没有高官厚禄的,没有经商发财的。因为我们始终与爸爸划了一道线:父亲是父亲,我们是我们。社会上的现象我们家也有,比如说,社会上有下岗的人,我大姐有两个孩子就下岗几年了;我妈妈是个离休干部,有时几个月也发不下工资;我们也会发愁孩子上不了学,也会发愁买不起房子。当然,帮助我们家的人也有,比如,我儿子上的是高中艺术班,学的是声乐,吴雁泽老师热情地收他为校外学生;河南省歌舞团的一位老师当他的艺术指导,我要给他学费,他却说:'我是在焦裕禄精神鼓舞下成长起来的,怎能要钱呢?再说,我能为他老人家培养后代,我感到光荣。'江泽民、乔石、胡锦涛等中央领导和省委领导到兰考时,也都很关心我家,总是说:'生活上有什么困难和要求,请跟我们讲。'"

二、焦国庆,将父亲的精神用在了自己的工作中

2016年10月1日,国庆节,除了是祖国母亲的生日,还是出

生在10月1日的"国庆们"的生日。余音的大舅焦国庆这一天过65岁生日。当天,余音和妈妈焦守云从洛阳赶赴大舅位于开封的家里。两天前,余音和妈妈一起来到中信重工机械股份有限公司参加庆祝建厂60周年文艺晚会。现在的中信重工机械股份有限公司,正是当年焦裕禄奋斗了9年的洛阳矿山机器厂。

焦国庆出生于1951年10月1日,2016年国庆节,刚好65岁了,算是个大寿。独生女焦楠很孝顺父母亲,提前几天就和焦国庆商量,是不是找个好一点的酒店办个生日宴。怎么可能?一辈子反对浪费的焦国庆一口拒绝,在家里吃顿饭就行了。

焦楠孝顺,父亲只要满意,怎么都好。于是她和母亲一大早就到菜市场买菜。这样也好,在家里做东西吃,卫生,也放心。焦守云带着余音来了,一家子热热闹闹的,很幸福。

崇尚节俭,也是焦家的家风,焦裕禄如此教育子女,徐俊雅也是如此教育他们,现在,他们又把这样的良好家风郑重地传给焦家第三代。

1968年3月,17岁的焦国庆和妹妹焦守云同一天走入军营。焦守云去了温暖的广州,而焦国庆被分配到沈阳军区某部"董存瑞班",在山沟里从事4年的农场劳动。他在部队21年,当过董存瑞生前所在班的班长、所在连的连长,后来当了营长、副团长,被评为军区优秀共产党员,转业后回开封市地税部门工作,退休前任开封市地税局票务分局的局长。

"工作上向先进看齐,生活条件跟差的比。"这是作为长子的焦国庆从父亲那里受到最多的教导。这句教导,影响了他一生。用他老伴儿周建新的话说:"他工作起来兢兢业业,却不会经营关系,他始终停留在他父亲阶段的人际关系,实诚、老实。"

现在,焦国庆和老伴儿一起退休在家。老两口在平凡的日子里,带带孙女,享受着一种平静的幸福。焦国庆说:"虽然父亲去世50年了,但父亲对子女那爱中有严、严中有爱的深沉之爱一直潜移默化地影响着我。"

三、焦守凤,在一个破落的小院里住了一生

焦裕禄逝世后不久,席卷全国的"文化大革命"便开始了,年轻的焦守凤曾一度被推上了领导岗位,从一个开封地区银行的打字员,成了地区妇联的青年干部,不久又被推到团地委副书记的位置上。然而,她不站队,只凭着本分做事。所以,很快又被解除了职务,成为团地委的普通干事。

"文革"结束后,开封撤地区建市,她调到了开封市总工会财贸工会工作,一直到退休。

所有描写焦裕禄的电影电视作品,都要写到两个片段:一个是焦守凤去县食品厂酱菜组工作的事情,一个是焦国庆看白戏的细节。

焦守凤工作以后,慢慢理解了父亲的苦心。她处处吃苦,有

时候还会被别人比较,说她是焦裕禄的女儿,就应该这样吃苦。她有时候也有困惑,凭什么焦裕禄的女儿就要比别人能吃苦呢?她有过不平衡。但是很快就又会想起父亲的话,她是几个弟弟妹妹的榜样啊。

2014年3月16日,河南卫视制作了纪录片《焦裕禄的儿女们》在全频道黄金时段播出,纪录片的文字稿又在《东方今报》上全文刊出。

当时的焦守凤还住在大梁门附近的老市委家属院,是一个小平房,因为时间太久远了,夏天下大雨的时候,房子竟然还会漏雨。

20世纪90年代中期,焦守凤的女儿冯晓红下岗了,一时间没有工作可以做,又住回了娘家。最困难的时候,大儿子儿媳、焦守凤夫妻,以及女儿和外孙,一家近十口人挤在这两间平房里。

女儿下岗了,很想让妈妈向组织说说困难,哪怕帮着她解决一个临时工也行啊。

焦守凤想起父亲的那些话,对女儿说:自己的路要自己走。

焦守凤的老伴儿冯传富是1963年复旦大学物理系的毕业生。当时冯传富在山东济南工作,焦守凤自小跟着奶奶长大,听奶奶的话,找了一个山东人。因为焦守凤在开封工作,两个人结婚以后,冯传富将工作调到了开封市仪表厂。

冯传富性格内向,不喜欢过多的人际应酬,所以,他喜欢在仪表厂的实验室工作。中间开封的两所大学都想调他去教学,被他拒绝了。

焦守凤和冯传富育有两儿一女。然而,遗憾的是,大儿子前两年突发疾病离世了。这给焦守凤夫妻很大的打击。

2015年冬天,儿女们共同出钱,给焦守凤在开封西南郊的二儿子冯鹏居住的小区里买了一套二手房,一楼,这样,冬天的时候有暖气,儿子儿媳下班后也方便照顾他们两个。

2016年11月23日,一场大雪过后,笔者在焦守凤的家里采访了她。1945年出生的她已经71岁了。她精神很好,说起"文化大革命"时的一些记忆还感慨万千。

大概是年纪越大,越怀念小时候,她说起她刚工作到开封的时候,父亲去世了,母亲的心情不好,后来焦国庆和焦守云参军了。家里还有妹妹焦守军和弟弟焦跃进。她会在假期里将弟弟或妹妹带到开封。她说起了弟弟焦跃进的调皮,还有妹妹玲玲的乖巧可爱。

一转眼,她的妹妹焦守军也已经从成都军区退休了,而调皮的弟弟焦跃进现在离她很近,已经是开封市委常委多年,现在任开封市政协主席。

四、焦跃进，焦家第二个县委书记

在大姐口中调皮的孩子焦跃进如今也已经年届 60 岁了。1958 年出生的他，正好赶上国家提倡"大跃进"，所以焦裕禄给他起了一个纪念性的名字。

在电影《焦裕禄》中，焦跃进是那个可爱的闹着要吃红烧肉的孩子，在多个版本的《焦裕禄传》或焦裕禄剧本中，焦跃进将半块豆面馍扔到地上被焦裕禄教育的片段也被全国的观众或读者熟知。

而焦跃进最为人所称道的事情发生在 2000 年，那年的 11 月 8 日，身为河南省杞县县长的焦跃进突然出现在北京最繁华的王府井大街，他手举大蒜，高声叫卖，惊动了各家媒体，也惊动了京城及全国各地的大小客商。焦裕禄的儿子在京城卖大蒜的事，在社会上引起了强烈的反响。杞县大蒜因为焦跃进进京闯市场而名扬全国，焦跃进也因此被群众誉为"大蒜县长"。

在这个时间，大家才忽然发现，虽然焦裕禄已经离开我们 50 年了，但人们依然怀念他。如今当他的儿子做了同样的事情，大家又一次被感动。人们觉得，在焦裕禄这样的家庭背景下成长起来的孩子，如果做了政府官员，就应该是这样子的。

焦跃进是焦裕禄的二儿子。1976 年焦跃进高中毕业，为响应毛主席"知识青年上山下乡"号召,他插队到兰考县,当上了生产队长。后来知青返城,焦跃进没有回去,继续留在了父亲曾多次流汗忙碌的村镇上。

1986年,焦跃进调到兰考县东坝头乡任党委书记。东坝头是焦裕禄曾经洒下过无数血汗的地方。焦跃进留在这里工作,有着特殊的意义。一些上了年纪的人看到他,就想到已经离世多年的焦裕禄,就想要拉着他到家里坐一下。有老辈人看着呢,焦跃进也像父亲一样,访贫问苦,关心孤寡老人,为百姓解决实际问题。

1992年,焦跃进调到兰考县任副县长。1994年,焦跃进调到开封市计委任副主任。1999年1月,焦跃进到与兰考县相邻的杞县任县长。上任后,经过深入调查研究,焦跃进果断地提出了自己的设想:调整农业种植结构,加大经济作物的种植比例,把农业生产推进市场经济大潮,并采取了扩大大蒜、辣椒、花生种植面积等一系列措施。杞县有100多万人口,和兰考一样,也是有名的农业贫困县。农民的传统观念比较强,平时都是什么顺手就种什么。为了扭转农民的思想观念,焦跃进率领各乡领导干部到山东省特色经济发展比较好的乡镇去考察,把先进的生产经验带回了杞县。

2000年,在北京王府井吆喝着卖大蒜的县长焦跃进接受采访时这样介绍杞县的大蒜:"杞县大蒜个儿大、皮儿白、不散头、耐贮藏、香味儿纯正、辣味儿适中、营养丰富……"他自己也喜欢吃杞县的大蒜,东西好,却卖不出去,他只好亲自上。在记者面前,焦跃进自称是杞县大蒜的"总销售员"。

从北京回到杞县之后,焦跃进便提出了"大蒜兴杞"的战略,把大蒜业作为杞县人民增产创收的主渠道,准备采取扩大种植面积、建造无公害生产基地、增加保鲜冷库等措施,使杞县逐步形成生产、加工、销售为一体的产业化经营模式。2001年,大蒜丰收之后,焦跃进带人到全国各地参加蔬菜博览会,终于为杞县的大蒜挣得大名。后来经过各地经销商的推广,杞县大蒜及深加工产品远销日本、韩国、俄罗斯、印尼等20多个国家和地区。2002年5月,杞县的"金杞"牌大蒜成为全国第一家获得"原产地"标志认证的蒜类产品。到了2003年,全县生产总值超过改革开放初期30多倍,杞县成为河南省农业结构调整十强县、河南省畜牧十大县和全国科技先进县。

种蒜的农民得到了实惠,思想观念转变了。大蒜的种植面积不断扩大,粮食作物和经济作物的比例由过去的6∶4调整为4∶6。随着经济作物种植面积的不断增加,政府的压力越来越大。因为市场从来都是和供应量成正比的,今年的大蒜种植面积多了,产量高了,那么市场的价格就会降下来。所以,作为政府,在平衡种植面积,大蒜的冷藏与储存方面,就得多做工作。

焦跃进考虑得更为长远,不只是帮助蒜农卖蒜这么单纯。一个县的经济腾飞,只靠单一的思路还不行,还得从县容县貌的改变上下功夫。

2002年9月,焦跃进调任杞县县委书记一职,这一次小焦书记终于走到了父亲的身后,他也终于体会到父亲做县委书记所面临的全县事务的忙碌。但这也更加坚定了他要大干一场的决心。

从卖大蒜开始,焦跃进的思路开始与大城市接轨,从杞县的大局着想。焦跃进认为,路是与外面接轨的重要通道,修路将成为今后的重点建设项目之一。路修好了,大蒜方便往外运输了,可是,外面的人会来杞县参观考察,所以县城的道路、环境卫生以及市容市貌也要相应地改进。这一切基本的建设都做好了,杞县借助于农业的发展机遇,还要积极招商引资,别人有旅游,杞县有政府主导的农业主产区,也需要各项深加工企业进入。

2010年清明节,开封公务员祭拜焦裕禄

在农业方面,焦跃进觉得前些年的工作做得很有成绩,宣传也起到了非常好的作用,所以,要继续以种植大蒜为主。但是种大蒜不能像以前那样过于杂乱了,还要改良品种,政府派出农业技术人员,统一指导。这样的话,只要卖出去的杞县大蒜,长得都是一样的,便有了辨识度。当然,除了大规模的引导种植以外,还要推广,要宣传。比如,在山东召开的一个"大蒜专业会"上,焦跃进报出了杞县的大蒜种植面积,当时许多人用不信任的眼光看着他,直到"全国大蒜专业洽谈会"在杞县召开,客商亲自去田间实地察看,开着车子,在多个乡镇实地观看,看大蒜种植园,看示范园,看仓库,看到县里支持,老百姓也受益了,这个产业已经进入了良性的发展,那些客商才心服口服,也有了销售的决心,甚至在参观完毕后,主动提出增加销售量。有位专家说,想不到杞县的大蒜业发展这么快,以后的"全国大蒜专业洽谈会"如果没有杞县参加,就像"世贸组织"没中国参加一样不那么完美。那一年,焦跃进毫无争议地被选为全国大蒜委员会副主任,这位大蒜县长,现在成了大蒜书记、大蒜主任。

在杞县当县委书记的几年,焦跃进几乎成了半个大蒜专家。他和父亲焦裕禄一样,不懂就学。和那些大蒜的种植户学,和技术人员学,和大蒜仓储人员学。这些知识,对于他做工作安排有着关键的作用。一个完全不懂行的领导有时候出发点是好的,却可能因为不了解生产规律而乱指挥。所以,焦跃进用的是笨办法，和父亲一样，扎在农户家里，扎在田间地头。在大蒜销售实践中，焦跃进认识到，如果没有优质农产品，单纯靠扩大种植面积，是不能在国内外市场站稳脚跟的。他下决心狠抓大蒜产品质量，力争提高科技含量。到后来，杞县发展到了2万多亩大蒜优质品种种植基地，大蒜种植品种也不断更新换代。另外，在种植过程中，因天气的原因，杞县的农艺师们还发明创造了"大蒜地膜栽培技术"，大大提高了大蒜的产量。为了更好地服务蒜农，搞好销售，焦跃进抽调骨干成立了"杞县蒜业集团总公司"，增强龙头企业的辐射带动作用，对大蒜的生产、加工、贮藏、销售等环节提供全方位服务。在世界呼唤绿色食品的今天，他率先号召杞县种植无公害大蒜，建成10万亩无公害大蒜生产基地，为保障人们生活健康做出了努力。

一直到2014年，焦跃进当选为开封市政协主席，已经离开杞县多年了，他的那些种大蒜的朋友，有了事情还来找他。

说到父亲焦裕禄，焦跃进说："我感到父亲那慈爱的目光始终都在注视着我，这种目光给我动力，也给我压力。这种压力，既是财富，也是鞭策。我必须严格要求自己，绝不给他老人家脸上抹黑。多少年来，无论在什么工作岗位上，父亲的革命精神，始终激励我奋发图强，努力工作，丝毫不敢懈怠。"

五、焦守军，两次参加对越反击战的女军官

焦守军，是焦裕禄的小女儿，也就是焦守凤口中的玲玲。因为要参军，她自己改了名字。

1972年，高中毕业的焦守军没有参加高考，而是直接报名当了兵。

新兵下连了，因为她在训练时能吃苦，表现优秀，领导准备将她安排在军区机关的门诊部。对于许多新兵来说，这是求之不得的好岗位。可是，牢记着母亲教导的焦守军拒绝了领导的照顾。

入伍头一年，焦守军专挑苦的累的活来干。当她得知团里农场放牛缺少人手，就报名去了农场。农场自然条件恶劣，有一天，一阵暴风骤雨将农场里养的五头牛全冲散了。焦守军披上雨衣就冲进了大山里，找了半天时间，她终于在山沟沟里找到了她的牛，然后连拉带赶，她硬是一个人把五头受了惊吓的水牛拉回了农场。

当兵第二年，焦守军常听连队的战士们埋怨饭菜不好吃，她就找到连长毛遂自荐当了炊事班长，她要把连里的伙食搞得好一些。炊事班里，只她一个女兵，焦守军带着四个男兵，用了一周的时间，将菜谱重新修订，营养搭配好不说，大家将菜吃得干净，还节约了不少。

焦守军在和这些男兵一起工作的时候，渐渐生出了自信。她

开始变得勇敢好胜起来。

1975年军区举行射击比赛,团里面高手云集,焦守军也想报名试试。一些男兵就笑话她,你一个做饭的,只管将炒菜勺舞好了就行了,这真枪实弹的,还是别凑热闹了。

结果,焦守军轻松打碎了他们的嘲笑,获得了比赛第三名的好成绩。

1976年,已经当了四年兵的焦守军准备复员,领导找她谈话,决定给她提干。可是焦守军却以母亲身体不好需要照顾为由,拒绝了部队领导的安排。直到徐俊雅听说了此事,不同意焦守军复员回家,她才又继续留在了部队。1978年,焦守军被提干。

焦守军提干后被分配到通信部门做报务员,这个时候,她遇到了心爱的人,在部队政治处工作的河南老乡朱新民。本来两个人商量着1979年回老家办喜事结婚的,可是,他们遇到了战争。

1979年,中国对越南的反击战打响。焦守军所在的部队奉命上战场。焦守军写了请战书,她因为业务素质好而被批准。朱新民也和她一起请战到前线。两个人的婚事只好往后推迟。

焦守军是通信兵,在坑道里发报译报,负责战况和军令的传递工作。因为条件艰苦,她和她的通信班曾经连续工作十几个小时不离岗位。几个月战争打下来,经她的手发出的电报有十几万组,每一份都及时准确,她的发报工作给战争赢得了时间和先机,她的出色表现赢得了首长、机关的赞扬。战争结束后,焦守军荣立了三等功,并在1980年被评为"全国三八红旗手"。

结婚生子后的焦守军于1984年又一次参加了对越南的战争。当时，焦守军担任正连职分队长，再次参加老山和阴山两山战斗。这一次，她带领她们分队荣获集体三等功。

1985年6月，焦守军和朱新民所在的昆明军区与成都军区合并，整编为新的成都军区。原昆明军区的机关、部队、人员等全部划归成都军区重新建制，多数干部都面临着人生道路的选择。焦守军和朱新民态度非常明确，一切服从组织安排。他们表示，一不提要求，二不讲价钱，叫转业就回河南，让留队就安心工作。

两个月后，焦守军和丈夫朱新民先后分到成都，焦守军在某部档案室工作，朱新民任机关某部团职干事。1987年，焦守军要求到部队档案馆当一名普通的档案助理员。为了尽快掌握业务，馆里派焦守军到四川大学档案系脱产学习一年。在四川大学这一年里，已经人到中年的焦学军每天骑车两个多小时往返家里和学校，风雨无阻。一年的时间，她系统学习了档案专业十几门课程，并以优秀的成绩毕了业。学了一年，获得了结业证书。按理说，焦守军应该让学校给她开出大专学历的证书，她班里的其他学生都是这样做的。可是焦守军没有。她自己说，她去上学只是为了学习知识，并不是为了文凭。因此她的档案里的文凭，一直是高中毕业。

再后来,成都军区档案馆提出业务干部要学习计算机知识时,她第一时间响应。她克服年龄上的劣势,刻苦学习,是档案馆里少数几个第一次就通过计算机理论、操作全国等级考试的干部。焦守军在干活上总是很积极地争取,多干活。"多干活"是她幼年时被父亲批评后便已经养成的习惯。多干活总是不会太吃亏,这是她的做人准则。但是,焦守军对名和利却看得很淡。从四川大学脱产学习以后,馆领导准备让她担任某科的科长,她觉得自己年龄大了,占着一个上进的指标不好,就推荐了比自己小近十岁的一个年轻同事,并且表示,一定会主动配合,积极支持年轻同志组织好全科工作。

因为多年在成都生活,焦裕禄的子女中,焦守军很少出现在媒体的视野中,直到河南电视台拍摄《焦裕禄的儿女们》专题片,才在成都她的家中拍到了她。

目前焦守军已经退休,早些年她参军时将自己的名字改为"守军",没想到真的在部队工作到退休,真正是名副其实的"守军"。

六、焦保钢,公安战线上的一块好钢

焦保钢是焦裕禄最小的儿子。1960年,中国陷入前所未有的粮食危机。从河南开始的饥荒,蔓延到了全国。那是中国国民经济最为困难的年代,中央提出了保钢保粮的口号。这个时候焦保钢出生了。和焦跃进一样,焦裕禄给小儿子也起了一个纪念性的名字。几乎,他一出生就遇到营养上的不良。

然而,这个自小营养不良的孩子,最后却成了一米八三的大个子,是焦裕禄的孩子里个头最高的。

焦保钢初中毕业后便走上了工作岗位,先是在县交通局做汽车修理工,后来有机会到了县公安局工作。

1984年,焦保钢因为工作努力,担任了兰考县公安局刑警大队副队长。1988年4月,焦保钢调任兰考县仪封乡任副乡长。1994年任仪封园艺场场长。

在刑警队工作十年,焦保钢有很多传奇故事。焦保钢身体好,跑得很快,在警队里很有名气。有一次,他们抓捕一个犯人,那犯人看到焦保钢以后就要跑。焦保钢大喝一声,说:"你跑吧,我让你先跑十步,看我三十步之内抓到你。"那人一听,当场瘫倒在地上,束手就擒。

还有一次,焦保钢完成抓捕任务后回来就病倒了。同事们将他送到县人民医院以后,医生说病情严重,请立即转到开封淮河医院。送到开封以后,值班的急诊医生对焦保钢的同事说,他不行了,你们回去准备后事吧。同事们悲恸欲绝,不能接受这个事实。

同事们只好通知在开封总工会工作的大姐焦守凤,让她来医院最后看一眼焦保钢。焦守凤认识一个亲戚,是开封医专的教授,是个名医,焦守凤就让那位教授也一起到了医院里看保钢,那医生一看焦保钢的症状,对医院的值班医生说,赶快给他输一瓶钾,他缺钾了。然后对焦保钢的同事们说,你们是不是去到深山里了?

同事们惊讶地点点头,那教授说,在深山里待久了,缺钾,所以会恶心呕吐,甚至失去说话的能力。而从这次病情,也可以看得出,焦保钢工作的那种拼命的精神。

上海《人民警察》杂志的一位记者1992年到兰考采访焦保钢。然而,他们采访的时候,焦保钢正好出差到外地办案,县公安局政委便将记者领到了焦保钢的家。那个时候,焦保钢因为在家里年纪最小,和母亲徐俊雅住在同一个院子里。

后来,那位叫李动的记者在上海《新民晚报》的副刊上发表了这篇采访徐俊雅女士与儿子焦保钢的文章。有这样的段落,可以从侧面反映当时能吃苦的焦保钢的工作状态。

"现在一切都好了,各自成家了,只有小儿子保钢和媳妇与我住一起。每逢过年,孩子们都回来看我。今年过年,家里挤得满满的,后来拍全家福时,一数才知共27人。"老人转悲为喜,发出爽朗的笑声。说起保钢,她心疼地说:"他有时外出执行任务,十天半月见不到人影,总要牵挂他。有次,他一进家门就说要吃饭,等俺下好了面条,他却躺在床上睡着了,连鞋子都没脱。望着他疲惫的样儿,我突然想起了躺在病床上的老焦,没日没夜地干,累得瘦了几圈,喘口气息,又拄着拐杖冲入了黑夜里的情景。"当我们得知徐俊雅要去开封市委宣传部开会时,便忙着与她照相留念,并请她为《人民警察》读者题词。

第三天上午,我们见到了出差刚回来的焦保钢,他高大魁梧,一头黑发微微鬈曲。当我们问起他在刑警队工作的情况时,他谦虚地一笑,我们便自然地谈起了他的父亲。保钢说:"父亲去世时,我才三岁多,一点印象也没有了,作为焦裕禄的儿子,我感到很光荣,但我从不在人前提我是焦裕禄的儿子。因为父亲是一切为人民,忘我地工作,才在全国人民心中留下了崇高的形象。我担心自己干不好,怕给父亲脸上抹黑;另外父亲的形象是靠自己干出来的,所以我也应该像他那样,靠自己实干,不能借他的光去图名图利。"保钢感慨地说:"前一时期,社会上流传雷锋叔叔出国了,焦裕禄精神过时了。我也在思考,父亲的精神到底过时了吗?当年他累倒在岗位上值得吗?我有一种难言的失落感。但不管时代怎么变,一切为了人民的宗旨不能变,这是共产党人的信仰。"我们点头赞同。是的,从保钢身上看到,他不仅是焦裕禄生命的延续,也是焦裕禄事业和精神的延续。

从这篇文字上可以看出来,1992年的时候,焦保钢已经有了相当独立的判断和思考能力。

1994年,作家殷云岭和陈新创作《焦裕禄传》的时候,焦保钢已经任职仪封园艺场场长,兼任河南格林福食品饮料有限公司总经理。

但是没有多久,他又回到了公安战线上。2000年,焦保钢被调进河南省公安厅督察处。

焦守云在接受记者采访的时候,曾说过一件事情:因为几个子女中,焦保钢长得最像焦裕禄,曾经有电视剧导演想让焦保钢出演焦裕禄,然而,徐俊雅不同意,就只好作罢了。

2013年,因工作积劳成疾,焦保钢脑出血昏迷8个月后去世。他的死,成为焦二代兄妹们一个共同的伤口。

七、焦三代,已经开始刷全国人民的手机屏幕

2016年国庆节刚过,全国网友被一条焦裕禄孙女焦力的新闻刷了屏。

是的,第54军下士焦力成为全军唯一一个通过提干考试的士兵。而焦力正是焦裕禄最小的儿子焦保钢的女儿。作为一名老刑警的女儿,作为焦裕禄的孙女,焦力超越了自己,终于苦尽甘

来。

焦力自小跟着奶奶徐俊雅长大,一直住在兰考县焦家小院里,就在焦裕禄纪念馆对面。耳濡目染中,她自小就立下了志向:"我不仅是爷爷的血脉传人,更要当好精神传人。"2013年从贵州大学毕业后,焦力毅然参军报国。

新兵下连后,连队第一次组织3000米考核,焦力用了近20分钟才跑完全程,跑下来后几近虚脱。成绩呢,简直……"全连倒数第一!"走下考场,一向开朗乐观的她一句话也没说。

"当时我就想起了爷爷,确实有点丢人,尤其想到爷爷当年治三害时'拼了老命大干一场''敢教日月换新天',那是何等豪迈!"接下来的整整一个月,焦力每天都坚持跑两个3000米,还经常撵着男兵跑。同年兵肖晓红告诉记者,焦力膝盖有旧伤,发作时很痛苦,她就一边跑一边念叨"我是铁军的兵,我是铁军的兵……"起初那些和她同龄的新兵很不理解,觉得焦力神神道道的,但后来这成了大家克服训练困难的独门秘诀。

还有一项训练内容,就是背记电话号码。为了尽快提高业务能力,焦力把几百个电话抄录在几张巴掌大的纸上随身携带,床头上也贴着长长一溜,抽空就背上几行。时间久了,她摸索出联想记忆、分段记忆、趣味问答等方法,让枯燥乏味的报务训练成了乐趣,在同年兵里第一个取得上机值班资格。下连两个月,她便掌握了报务的所有专业。

有一次，全连男兵集体外出执行任务。连队门前摆放着十几个专业器材箱，不巧的是，天气突变，一场大雨即将到来。器材箱里的设备都是高精密的仪器，不能被雨淋了。焦力组织了女生分工合作，一起将堆积如山的器材箱在大雨前全部搬到了房间里。一直到搬运完休息了，焦力才发现自己的手臂上刚才搬器材时被划破了一道伤口。

2016年7月，在大学生士兵提干考试中，焦力成为集团军唯一一名超过录取分数线的女兵。更让她高兴的是，经考查合格成为一名正式党员。当晚，她在日记里写下告诉爷爷的话：今天，我正式成为一名党员，未来日子里将沿着您的路继续走下去。请放心，您的精神流淌在我血脉里。

2016年10月1日，和母亲一起给自己的大舅过完生日，焦守云的儿子余音便急急地赶回北京。他导演的一台国家级晚会正在排练。这是将在北京展览馆剧场上演的"不忘初心，继续前进——中央国家机关庆祝建党95周年暨纪念红军长征胜利80周年干部职工文艺汇演"，演出阵容也非常浩大，整台晚会将由973名来自不同部委的干部职工联合演出。

作为中国歌剧舞剧院歌剧团副团长，余音已经不是第一次担纲这样的舞台导演了。所以，虽然忙碌不堪，但是他有自己的节奏。

有两天排练得太忙了，余音除了接打电话，连看手机新闻的时间都没有。但是，在10月8日焦力的新闻刷屏的这一天，余音还是抽空发了个微信朋友圈："焦裕禄孙女已当班长，成54军唯一提干过关的女兵。"余音在转发澎湃新闻这条微信时，写了这样一段话："我的好妹妹，优秀的女战士，焦家的女汉子，外公的好孙女。"

作为最被媒体关注的焦家第三代，余音知道，妹妹的成功来之不易。是啊，这个世界上哪有随随便便就可以成功的呢？余音为了音乐，从十几岁开始一个人坐着绿皮火车往返北京和郑州之间，他知道吃苦是什么样的滋味。

2014年初，音乐剧《焦裕禄》开始建组排练，就有人建议余音担纲主演。从内心里，余音不是没有想过演自己的外公。可是他又有些担心，除了形象以外，还有一些远远高于演唱技巧的东西，是什么呢，是百分之一百的完美。余音的压力来自他自己，他觉得，别人演得不好了，就去琢磨下一个角色了。他如果演焦裕禄没有演好，可能就会引发各种议论，甚至没有退路。所以，经过他自己认真的思考，在音乐剧《焦裕禄》中，他饰演生活中外来的那个舅舅张继焦。

余音饰演的张继焦在剧中担任了一个贯穿全剧的角色，故事从他的口中展开,他是旁观者,又是见证者。现实生活中,余音的舅舅张继焦在兰考焦裕禄纪念馆担任副馆长。每一年春节的时候,余音回家都会见到他,但是,现在身份转换,要让他彻底进入到张继焦这样一个角色里,还是有一定的难度。

2014年5月,就在焦裕禄逝世纪念日前夕,音乐剧《焦裕禄》剧组杀回了余音的家乡,在河南人民会堂连演两场。而这一次演出,余音饰演的不再是张继焦舅舅,而是他的外公焦裕禄,是男一号。

这也是剧组的有意安排。在这次全国百场巡演中,"焦裕禄"和"张继焦"这两个角色由中国歌剧舞剧院歌剧团副团长朱亚林和余音轮流饰演。

尤其是在5月14日纪念焦裕禄逝世50周年的当天,剧组在开封的演出,余音饰演焦裕禄,他感觉到全兰考全开封的人都来了,他甚至感觉到他从小听到的那些故事中的人都来看他演出了。他的压力空前的大。

然而,多场次的排练和演出给他打了底。

在这部音乐剧的剧情设计上,编剧并没有回避历史,余音说到剧情中有一段"议价粮"的故事:"外公当时去买议价粮,这是违规的,但他清楚如果不这样做会饿死很多人,所以要冒天下之大不韪做这个事,后果由他一个人承担,议价粮救了不少人。但差点将外公的前途断送了。这种人性是大胸怀,观众不希望看喊口号的,更希望通过事例看到焦裕禄是一个什么样的人。如果概括成好党员、好干部,我觉得是片面的。焦裕禄应该是一个有担当的英雄人物。"

余音是80后,他对焦裕禄的理解最初都来自母亲的描述。虽然总觉得外公是一个名人,是一个上了教科书的人,是全国人民都知道的人,但是,对于他个人来说,他从来没有想过自己有一天会去演他。他觉得外公去世得早,外公生活的时代对他来说有些遥远。

然而,随着他的年纪渐长,他渐渐发现,离他很远的外公,其实离他又很近。不论他做什么事情,做好了呢,有人会说他是名人的后代,占了便宜;做得不好呢,也不妥,又说他这种名人的后代,注定就做不好。

是的,他知道,焦裕禄外孙这个标签,他这一生是不可能揭掉了。

2009年7月初,余音接到江西电视台"红歌会"邀请参赛的电话。比赛嘛,也就意味着有输有赢。如果赢了,这是好事。如果输了,可能又会让人觉得影响到了自己外公的声誉。余音有些犹豫不决,打电话给在郑州的母亲焦守云,征求她的意见。焦守云觉得,不论如何,儿子喜欢唱歌,这么多年来,唱了很多红歌,这次去电视台参加比赛,不仅仅是他露个脸扬个名,最重要的是也可以传递一种精神：80后的孩子，照样可以唱这些经典的红色歌曲。这是焦守云朴素的想法。当然，从内心里，她希望自己的孩子能够在公众的舞台上用实力来证实自己。

然而，在余音刚刚参加比赛后不久，互联网上便开始传出质疑余音的声音。余音自己也没有想到外公焦裕禄在互联网上仍然具有超乎寻常的影响力。那些空穴来风的猜测让他不知所措。有几篇文章的标题直接指向他，比如《焦裕禄的外孙将问鼎09红歌会冠军？》《红歌会20强争夺战爆冷，焦裕禄外孙止步》……29岁的余音俨然成了网络红人。这个中国歌剧舞剧院的男中音歌唱演员，因其特殊的身份而在选秀比赛中备受质疑。不仅如此，他在新浪开设的博客也被网友找到，一夜之间点击率突破12万。

7月10日，余音赴南昌参加全国60强比赛30进15的第一场突围赛，记者的采访也集中轰炸他的身份："你是不是凭着革命后代的光环晋级的？"7月18日，刚刚参加完比赛的余音在博客上写道：今天晚上60进30强的比赛，我比得很狼狈。我甚至怀疑是不是最后能进到30名，紧张的情绪让我一刻也不能平静。可能是来自各个方面的声音太多了，压力让我真的有点迷失了自己。

不仅仅是压力，也还有身体上的不适。恰好，因为吃不惯南昌的饭菜，一连数日，他严重上火，眼皮上长了麦粒肿，口腔溃疡。这些影响了他的发挥。17日晚上，余音演唱的一首《共和国之恋》，获得了现场观众的叫好声，但评委对他的评价是：不仅音色比不上以前，音准上也拿捏得不够完美。最终，余音止步于全国20强。

余音没有进入20强，在当年的红歌赛事上成为一个最大的争议点，支持余音的网友们在余音的博客里留言安慰他，认为评委对他的评价不公平。因为他的身份，大家对余音的实力不再关注，这让余音吃了亏。

母亲焦守云对儿子没有进入20强也很吃惊，在她的心里，儿子进入全国20强应该是基本的实力。

然而，毕竟只是一场比赛。焦守云想得很开，重要的是让儿子去表演，唱歌给观众听，有一部分观众喜欢，记住了他的声音，这比什么样的奖励都重要。

回到北京以后，余音在自己的博客里写下一篇文章《我叫余音，我就是余音》，希望大家不要老拿他的身份说事儿。

如果上次参加比赛，只是观众主观的评价，给了余音一些压力，这一次饰演自己的外公焦裕禄，则是一次彻底地和外公的谈心。他不再是和外公离得很远的一个后辈。他也不再是一个被观众指指点点的红色后代，而是一个音乐剧的演员，一个要将外公的灵魂熟悉并在舞台上展示给观众的演员。

说到底,这么多年来母亲的言传身教对他来理解外公提供了很好的营养。抛开时代造成的伤害,单说焦裕禄个人的魅力,余音觉得自己的外公是一个英雄。焦守云多次给别人作报告时宣传自己的父亲是一个"做人讲感情,做事有担当"的人。是啊,英雄不就是在别人有困难的时候做一个有担当的人吗?

有了这样的领悟,有了这样的体味,余音终于突破了自己内心的压力,决定亲自饰演自己的外公。和他演自己的舅舅继焦不同,演自己的外公,余音觉得自己也有了外公的灵魂上的佑护,他变得更加坚强,更加有魄力,也更加自如。

在开封演出后,一群记者围着余音,让他说说,作为焦裕禄的外孙,他如何理解焦裕禄精神,他会如何推广焦裕禄精神。余音这样说:"孔子、庄子留下的东西传承了几千年也没过时,我也不认为现在不需要焦裕禄精神了。当然,不是说今天学习焦裕禄就要穿着补丁衣服,不是一定要带病工作把自己累死。我个人认为,其实焦裕禄精神反映在现代普通人身上特别简单,就是要做一个好人,要做好事。至于对当今干部的影响,外公当时说过两句话,第一句是'干部不领,水牛掉井',第二句是'吃别人嚼过的馍没味道,干部必须走到百姓中去'。"

附记

焦守云在接受采访时曾说:我们有着英雄后人的光荣,但也有着不为人知的难处。像其他人一样,我们也面临着"票子""房子""孩子"等种种生活中的难题。家中一样有人下岗,有人待业,大多数都在普通的工作岗位上踏踏实实地工作着。说实话,我姐姐现在生活过得也不怎么样,因为什么呢?她家孩子多,病人多,又没有工作,过去还有待业的,她的老大也因为生病去世了。可是她总是能乐观地对待生活。有些人就跟她说,你家天天来这么多领导,你的孩子没事干,你跟领导一说不就行了吗?我姐姐就说了,居家过日子,每家都会遇到困难,我有这个爹我们去说,人家没这个爹,人家就不过了?所以,一直是自己的困难自己克服。我们现在孩子都长大,都工作了,我们还能帮帮她。因为我们是姊妹们,我们就有一个不成文的协议,那就是说,我们要耐得住寂寞,甚至要耐得住贫穷,我们要守护好父亲这面旗帜,如果你没有本事给这面旗帜增光,你也不能给这面旗帜抹黑。"生活中无论我们过得好与不好,都不会挖掘父亲这座'金山',焦家儿女从未有过任何有损父亲英名的言行。这既是焦家的家风要求的,也是我们这几个子女的一个底线。"

焦守云退休以后,专职做焦裕禄精神的宣传员。她有一个志向,就是想让全国所有的县委书记都能听到她讲的她父亲的故事。她说,我父亲是县委书记,他们也是县委书记。我父亲是如何要求我们这些子女的,希望他们也能学到一点,那就非常完美了。

目前焦家二代、三代的情况如下:老大焦守凤从开封市总工会退休,有三个子女,大儿子早逝,剩余的一子一女在开封市从事普通工作,其中儿子和女儿都曾下岗待业多年;老二焦国庆从开封市地税局退休,只有一个女儿焦楠,在开封市某区审计局工作;老三焦守云从郑州科技情报研究所退休,儿子余音毕业于中国音乐学院,现为中国歌剧舞剧团副团长;老四焦守军从成都军区档案馆退休,有一个儿子大学毕业后在深圳工作;老五焦跃进现任开封市政协主席,有两个女儿,大学毕业后,一个在北京一个在上海打工;老六焦保钢于2013年病逝,有一儿一女,儿子焦威在郑州市公安局工作,女儿焦力在部队当兵,2016年国庆节曾一度成为新闻人物。

第九章
焦裕禄带来的福祉：后焦裕禄时代的兰考

一、政治明星县的现状

习近平同志任党的总书记后，第二批党的群众路线教育实践活动中，他选择联系兰考县。2014年3月18日，他参加了兰考县委常委会的扩大会议，并在会上发言，说："我们这一代人，是深受焦裕禄同志的事迹教育成长起来的。几十年来，焦裕禄同志的事迹一直在我脑海中，焦裕禄同志的形象一直在我心中。记得1966年2月7日，《人民日报》刊登了穆青等同志的长篇通讯《县委书记的榜样——焦裕禄》,我当时上初中一年级,政治课老师在念这篇通讯的过程中几度哽咽,多次泣不成声,同学们也流下眼泪。特别是念到焦裕禄同志肝癌晚期仍坚持工作,用一根棍子顶着肝部,藤椅右边被顶出一个大窟窿时,我受到深深震撼。"

焦裕禄当年亲手种的泡桐如今已长成大树,后人称为焦桐

习近平总书记离开兰考后不久,一些大的企业开始到兰考踩点。与此同时,省里面也在开会研究兰考的贫困问题。

2014年6月18日,兰考县接待办忙碌不堪。第一批到来的客人是财神,是农业银行河南省分行领导以及全省各地支行行长来到兰考参观考察。在副县长杨志海的带领下,这些金融界的精英到了兰考县堌阳镇,与当地的20多名乡镇企业的负责人进行了座谈,他们愿意在资金方面帮助兰考的中小企业。

而同一天,由时任省委书记的郭庚茂带队、河南省各厅局一把手参加的兰考经济发展把脉团和支援团到来。县委书记王新军和县长周辰良全程做导游,他们恨不能向每一个到来的人陈述兰考这么多年来重复着的发展难题。

第二天,省委书记主持了一个对话性质的座谈会,先由兰考县的书记和县长来介绍一下兰考这些年的发展情况、失败的项目以及发展的障碍,然后由各个厅局的负责人给出合适的药方。

省委书记开篇便给兰考的发展定了位,说兰考虽然取得了一些成绩,但是与兰考在全国的知名度,以及政治地位相比较,是有差距的。

是的,截止到2014年,兰考官方公布的数据显示,2013年兰考县的GDP为193亿元,按照当地公布的全县人口83万计算,人均GDP仅为2.3万元,与周边县相差甚远。不仅仅是人均GDP的差距,兰考一直顶着"国家级贫困县"这顶帽子。

兰考的地理位置并不差,陇海铁路几乎穿城而过,南邻连霍高速公路,310国道和106国道在集聚区内交会;距京广铁路、京九铁路、郑州国际机场均一小时路程,距连云港4小时路程。然而,这些地理优势这么多年来并没有把兰考拖出持续贫困的怪圈。

作为中共中央总书记的联系点,兰考不能一直戴着这个贫困县的帽子。要发展,要找可持续的发展方式。仅仅2014年6月,省委书记、副省长以及中信集团董事长等人便密集到访兰考。

省委书记郭庚茂带着各厅局一把手看完以后,对兰考的要求是:三年实现脱贫、七年基本实现工业化城镇化和城乡公共服务均等化。让兰考县委书记王新军要按照这样的目标去考虑问题、安排工作。李克则希望通过将开封建设成为新兴副中心城市,进而辐射兰考发展,为此将安排1500多亿的资金进入开封。

中信集团董事长刘志强则率领100多名中信公司人员到达兰考,探讨与兰考展开资本合作的可能性。随后,中信信托、国家开发银行等多家金融机构高管也先后密集到访兰考。

省委书记郭庚茂也在6月19日的座谈会上提到,要将发展农村金融,作为撬动和改变兰考经济的重要支撑。他这样说:"兰考作为贫困县,如果发展成为先进县,不但人民群众得到实惠,而且实现了焦裕禄同志的梦想,是焦裕禄精神的物质体现,体现了共产党人的成功实践。"

二、兰考如果实现城镇化达标，一定需要产业支撑

2015年2月4日，经有关部门联审和专家评审，江苏、安徽两省和宁波等62个城市（镇）列为国家新型城镇化综合试点地区。试点自2014年底开始，并根据情况不断完善方案，到2017年各试点任务取得阶段性成果，形成可复制、可推广的经验；2018—2020年，逐步在全国范围内推广试点地区的成功经验。在这第一批公布的试点地区里，河南有4个城市入选，其中就有兰考县，其他几个地区分别是洛阳市、新郑市和禹州市。

而根据文件精神，如果要达到城镇化的要求，兰考县到2017年，常住人口城镇化率需要达到39.2%，户籍人口城镇化率达到30.7%；到2020年，常住人口城镇化率达到45%，户籍人口城镇化率达到40%。

河南省科学院副院长张占仓分析这次入选的兰考县时说："兰考的任务很重，需产业支撑。"

在张占仓看来，新型城镇化的过程，无非是"人到哪里去，钱从哪里来"的问题。兰考的情况比较特殊，它是河南10个直管县（市）之一，但工农业基础薄弱，还要推动城镇化。有了强劲的产业基础，才有可能推动城镇化，所以，兰考的任务很重。

是啊，城镇化，如果没有大的企业入驻兰考，兰考这种农业经

济依赖型的县域,恐怕需要很多年才能真正地实现城镇化。

是啊,只有大企业才能真正地让农民进城工作。于是富士康进入了兰考县。《大河报》2016年1月20日有一个大标题报道富士康科技园落户兰考的消息:《兰考县2015年引29个过亿项目,富士康等企业落户》。

在"百度兰考吧",常常会有人发帖问富士康招工开始了吗。一旦有贴出富士康招工的帖子,便会有大量的人询问工资待遇,也会有在外面打工的兰考年轻人在"百度兰考吧"里回复帖子,说一旦富士康在兰考招工,他们就回到家乡。

像富士康这种大型的制造型企业进驻兰考,对兰考以及兰考周边的年轻打工者来说,是一个福音。他们不用出远门就可挣到在大城市一样的工资。而富士康大规模建厂房,招工,会很快促使兰考扩大县域规模,加快城镇化的发展。

而对于服务企业,兰考县委特别设立了一个公共服务办事大厅,这是新的行政服务模式。县里让涉及项目建设的10个局委各派一人常驻服务大厅,由局长授予办事全权,使企业与部门内部流程"零接触"。现任县委书记蔡松涛说,旧有的行政审批本身关卡重重。运行中,"权力蛋糕"又被分切给各个科室,相互扯皮推诿,抬高了审批成本。值班负责制度的"影子局长"则省了很多道中间环节,直接在大厅里过流水线,不但节约了办事人员的时间,也杜绝了暗箱操作的不正之风。

在这个服务大厅里，只用7天时间，兰考县五农好食品公司总经理李俊立就通过向县扶贫办申请从银行拿到了80万元贷款。尽管要捐8万元用作扶贫基金，但他仍很高兴，他对采访的记者说："以前直接从银行贷款太难，灰色成本也很高。"这是兰考探索的"杠杆扶贫"模式。政府从扶贫专项资金中拿1000万元作为风险金存入银行，而银行则放大10倍额度贷款给企业。受贷企业由派驻贫困村的115个扶贫工作队推荐。企业将贷款额的10%作为扶贫资金，带动贫困户脱贫。而这一模式的首创者——中国证监会派驻兰考县的挂职副县长杨志海说，该模式核心是用行政信用、干部信用化解银行对于小微企业的"信息不对称"风险，而真正的"杠杆"是兰考的严实的干部作风。

三、脱贫后的兰考，外出务工潮转变成返乡创业潮

"别看我的厂子小，一天能为100台古琴提供琴弦，雇用的6名工人全是村里的贫困户。"徐二排是兰考县堌阳镇徐场村的一位乐器制作师，也是回乡创业大军中的一员。"10多年前开始跟着别人学做琴弦，做了几年后发现，这个行当前景好。"徐二排说，当时兰考的古琴生产已经有一定规模了，却没有一家企业生产琴弦，所有琴弦全靠外地进货。2010年，徐二排回到家乡，创办了兰考第一家琴弦厂。

和徐二排一样，徐平卫也是这返乡创业大军中的一员。今年

39岁的徐平卫,也是堌阳镇徐场村的村民。10年前,他一直在上海的一家乐器厂打工。后来技术越学越好,他便有了回家创业的想法。

一开始,规模小,他也没有想过向政府申请贷款。这两年,徐平卫的厂子走向了正轨,也有了数十名工人。2015年开始,政府陆续给徐平卫提供了30万元无息贷款。利用这笔资金,徐平卫扩大了生产经营规模。目前,徐平卫的工厂一年制作古筝3000多台,年产值100多万元。

"以前有产品也走不出这个村,现在都不够卖。"徐平卫说,除了无息贷款,政府修通了路,还对企业进行免费的电商培训,打开产品的销路和渠道,如今公司六成以上的产品都是通过电商销售。"从春节到现在都没有休息过,订单太多了。"2017年5月20日,面对新华社、大河报等一群记者的采访,徐平卫的汇报透着一股喜悦。

像徐平卫这样从外出务工到返乡创业,在兰考已成一种现象。作为人社部等10部委确定的"结合新型城镇化开展支持农民工等人员返乡创业试点",兰考也是省人社厅确定的"创建农民工返乡创业示范县试点"。

走进徐场村看到,几乎每一处院落里都"隐藏"着一个民族乐器加工厂。遍布徐场村的50余家乐器作坊吸收了村里大量的劳动力。民族乐器生产的从业人员达1000多人,吸纳贫困家庭劳动力160余人,年产值达9500万元。

为吸引更多的外出务工人员返乡创业,兰考县政府在财政资金、税收、普惠金融等方面加大支持力度。针对小微企业用款急、额度小、贷款周期不一、难以提供有效抵押物等实际问题,兰考县帮助企业申请低息或免息的"金融扶贫"贷款。

"稳定的就业是脱贫致富的根本,而吸引外出务工人员返乡创业,是创造就业岗位的一个有力的抓手。"兰考县副县长王彦涛介绍说,近几年,兰考县在政策上求突破,推进农民工返乡创业的深入开展。

"村里628口人,有一半都在当老板,本村的劳动力不够用,还吸引了周边300多个村民就业。"徐顺海说,现在徐场村几乎家家户户都在做琴,以前村里人均年收入不到1万元,现在3万多元。

徐场村的乐器产业也对周边村产生辐射带动效应,现在很多村都在发展古琴产业。"我们在进一步扩大泡桐种植面积,已经建设一个以乐器生产为主导产业的产业集聚区,实现有序经营和规模化、现代化经营。"副县长王彦涛补充道。

据了解,兰考县共有农村劳动力31.7万人,转移就业19.6万人,其中省外就业6.5万人,省内、县外4.5万人,县内8.6万人,人均月收入2800元左右。作为首个脱贫摘帽的贫困县,兰考在农民工返乡创业、产业发展助力脱贫攻坚上,摸索出一套独具特色的发展路子。目前,兰考县农民工返乡创业6821人,创办实体

6145个,创业带动就业6.5万人,外出务工潮正转变为返乡创业潮。

为支持农民工返乡创业,兰考县强化组织领导,建立县、乡、村三级创业服务体系。"如今,兰考县在产业布局上做到县、乡、村三级产业错位经营,全县上下呈现出主导产业与特色产业互补发展、相互促进的良好局面。"兰考县领导李明俊说。

在乡镇产业园方面,已形成了红庙镇门业产业园、南彰镇板材加工产业园、堌阳镇民族乐器产业园、东坝头乡木制品加工产业园、谷营镇香菇种植产业园、阎楼乡高效农业产业园等6个返乡创业特色产业园,共有创业者63人,带动378人就业,投资规模3100多万元。在村级产业发展层面,目前初步形成了以堌阳镇徐场村(民族乐器专业村)、三义寨乡蔡楼村(养殖专业村)为代表的32个各具特色的创业专业村,共有创业者230人,带动3280人就业,总投资1.2亿元。

未来三年,兰考县还将在政策上继续寻求突破,支持更多农民工返乡创业。兰考县政府已设立返乡创业专项扶持资金,规模为每年500万元。同时,在财政资金、税收、普惠金融等方面,加大扶持力度,助力返乡创业经济实体上规模、上档次,带动更多群众稳定脱贫奔小康。

四、兰考成为中国首个普惠金融改革试验区

自从 2014 年 5 月，习近平离开兰考以后，兰考县成为中国财经类新闻报道的头条常驻名词。截止到 2016 年 12 月，已经有光大国际、恒大集团、格林美、富士康等近 40 家企业入驻兰考投资，投资规模超 200 亿。河南省内，雏鹰农牧、牧原股份两家上市公司在兰考县成立产业扶贫基金，总规模 100 亿；森源电气 49 亿承建兰考县光伏扶贫项目。

2016 年国庆节期间，笔者回到兰考县采访扶贫的项目。在南丈镇圈里村的一位杨姓五保户家里，院子里用钢架结构架好的太阳能发电设备已经搭建完毕，正等着专业验收机构来验收。村支书正在给贫困户的邻居们做工作，要将邻居家院子里的几棵树砍了。而贫困户家里建好的这座太阳能发电设备将和全县的发电设备合流，贫困户不但家里用电免费，也会得到每年 5000 元的电费分红。这是项目帮扶，给贫困户分一个可以每年挣钱的项目，让他们彻底脱贫，是兰考精准扶贫的一个项目。而投资这一项目的公司正是森源电气公司。

2016 年 12 月 28 日，中国人民银行、银监会同有关部门和河南省人民政府印发的《河南省兰考县普惠金融改革试验区总体方

案》(以下简称《方案》)正式公布,这意味着,兰考正式成为我国首个普惠金融改革试验区。

那么,普惠金融究竟是什么?中国人民银行郑州中心支行行长徐诺金表示,普惠金融就是针对弱势群体,提供可负担成本的金融服务。他继续解释:所谓"普",就是指机会平等,要让尽可能多的人平等享受到金融服务。因此,小微企业、农民、贫困人群、残疾人、老年人等以往缺乏能力来获得金融服务的群体,是普惠金融所关注的重点。而"惠"就是说,普惠金融不会像以往的金融服务那样,风险越高,利率越高。普惠金融不会设定很高的利率,而是衡量发展水平、发展程度确定一个可负担的成本。只有"惠"了,"普"才可以真正实现。

徐诺金说,普惠金融改革试验区放在兰考,给河南带来的,将不仅仅是"开天下之先"的名头。《方案》提出了10大任务、27条措施,将针对兰考农业基础设施创收、农民工转型、扶贫开发现代农业和小微企业的发展重大问题,探索金融创新。其提供的经验,将在全国进行推广。徐诺金此前在接受采访时曾提到,兰考是中央高层非常关心的地方,兰考普惠金融改革试验区的获批,其意义可能不亚于当年邓小平在南方画的一个圈。

五、焦裕禄纪念馆的午餐

2016年11月初,笔者和兰考县焦裕禄纪念馆的馆长陈百行约见。

在焦裕禄的纪念碑那里,来自浙江温州的数十名乡镇党委书记正在举行献花圈的仪式。正是早晨8点多钟,广场上有奔跑的孩子。

对于兰考本地的居民来说,焦裕禄陵园是县里的公园。到了晚上,跳广场舞的群众占据了陵园的各个小广场。

我和百行兄见面忆旧,他和我是中学同届的同学。大学毕业后,他回到兰考教书,然后一个机缘调至焦裕禄纪念馆。

中午吃饭的时候,他不让我走,说是吃陵园的员工餐。我也想体验一下焦裕禄精神具体灌溉下的焦裕禄纪念馆员工们的午餐,便应下了。

然而,午饭前,他因有紧急的公务被叫走了。我和他的同事一起去小餐厅里吃饭。馆长也好,员工也好,每一个人都是10元钱的标准。那天中午的菜是萝卜丝炒粉条,每个人两个馒头。两个馒头如果不够吃的话,还可以再取,菜也是。

有员工给陈百行打好了菜,取了三个馒头放在他的饭盒上。说是打了电话,他晚一会儿回来吃。

之所以特别写到这个细节,是因为,外面是兰考宏大而热烈的建筑场景。兰考县城近几年变化很大,西区的绿化,街道的修建,公园和人工湖的建设,都达到了现代化城市的水平。老百姓正在享受着焦裕禄带来的福利。

而焦裕禄的子女们却并没有因此获得福利,他们先后离开了兰考。还有一个，因为焦裕禄的先人后己、勤俭节约的精神，在焦裕禄纪念馆工作的我的同学陈百行，即使是县委书记给他特权，他也不敢在焦裕禄纪念馆这样一个地方大吃大喝。

2016年12月20日，兰考县政府向河南省政府递交了申请书，申请脱贫摘帽。2016年12月28日至2017年1月1日，河南省组织由专家组成的两个核查小组分赴兰考和滑县，走村入户，开始为期5天的脱贫摘帽省级核查，以进一步查漏补缺，确保退出贫困县标准符合国家要求，顺利完成脱贫摘帽。

当年焦裕禄为了拯治兰考的灾害和贫穷，累死在了兰考。在他去世53年的时候，兰考终于摘掉了贫困县的帽子。不但要摘掉贫困县的帽子，根据兰考的战略部署，兰考将来可能会成为县域经济中富裕的城市之一。而所有这些福利，并不是因为兰考县的资源丰富，而是因为他——焦裕禄——的恩泽。

兰考的人民都念焦裕禄的好。在焦裕禄干部学院对面的焦桐公园里，有一个叫魏宪民的老人，每天一上班就拿着扫帚去看护这棵泡桐树。他退休了，没事做。这棵树是焦裕禄亲手植下的。焦裕禄在兰考工作了两年，留下过一张照片就是和这棵树的合影。所以，这棵树的所在地成了老百姓纪念焦裕禄常来的地方。

也有外地人慕名来看这棵树，这个时候，魏宪民就会热情给他讲解,他年轻的时候跟着焦裕禄干活的事情。

老百姓怀念他,是因为他为老百姓做了事。这是最朴素不过的道理了。老百姓认为:国家现在给兰考这么多补助,这么多的优惠政策,就是因为兰考是焦裕禄精神的发源地。所以老百姓就说,焦裕禄即使去世了,还仍然为兰考人民谋着福利。县城的公园每多一个,道路每加宽一次,老百姓都会说一句,感谢焦裕禄啊。

这就是后焦裕禄时代的兰考。历任兰考县委书记都比其他县的书记的规格高一些;但是,到兰考当书记,除了政治上的荣誉感,也要接受别的县委书记没有的监督。谁让他们的前任有一个老书记叫焦裕禄呢。

附录

参考文献

1.《苏轼诗集合注典藏版》(14卷31册),报刊新主编,河南文艺出版社2016年2月出版。

2.《苏轼经传》,何泽大编,河南大学出版社2013年3月出版。

3.《我的父亲苏东坡》,苏子元之著,人民日报出版社2016年5月出版。

4.《苏轼经在三峡的475天》,周长安、钟姿、赵永祥、吴王青编,中央编出版社2014年4月出版。

5.《苏轼经黄州》,饶学荣著,广东人民出版社2009年1月出版。

6.《精神的感召:苏轼经在淡州》,《精神的感召》编写组编,中信出版社2014年6月出版。